DUMONT

Dürfen Männer im Stehen pinkeln? Worauf muss man beim Fremdgehen achten? Sind falsche Wetterprognosen vor Gericht anfechtbar? Muss man Toilettenfrauen eigentlich bezahlen? Und warum darf man Polizisten beleidigen? Winfried Schwabe erzählt Überraschendes und Absurdes aus deutschen Gerichtssälen.

Winfried Schwabe, studierter Jurist und Rechtsanwalt, ist Autor zahlreicher Lehrbücher und schreibt seit vielen Jahren wöchentlich im Kölner Stadtanzeiger über skurrile Rechtsfälle und Gerichtsurteile.

Winfried Schwabe

DÜRFEN MÄNNER IM STEHEN PINKELN?

Verblüffendes aus der Welt des Rechts

DUMONT

Originalausgabe
Oktober 2010

Umschlag: Zero, München
Umschlagabbildung: FinePic®, München
Satz: Fagott, Ffm
Gesetzt aus der Aldus und der Myriad Condensed
Druck und Verarbeitung: CPI – Clausen & Bosse, Leck
Gedruckt auf säurefreiem und chlorfrei gebleichtem Papier
Printed in Germany
ISBN 978-3-8321-6127-9

www.dumont-buchverlag.de

Für Petra und Charlotte

Und das ist auch gut so!

Wie Klaus Wowereit ein bayrisches Gericht beeindruckte

»Ich bin schwul, und das ist auch gut so!« Dass dieser legendäre Satz von Klaus Wowereit, gesprochen auf dem Berliner SPD-Sonderparteitag im Juni 2001, eines Tages von einem bayrischen Gericht allen Ernstes zur Ablehnung eines Scheidungsantrages herangezogen wird, hätte sich Berlins Regierender Bürgermeister vermutlich nicht träumen lassen.

Das Oberlandesgericht in Nürnberg musste neulich über den Scheidungsantrag einer Frau entscheiden. Ihr Mann hatte nach dreißig Ehejahren und zwei gemeinsamen Kindern überraschend seine Homosexualität erkannt und die Familie daraufhin umgehend verlassen. Die enttäuschte Ehefrau stellte drei Monate später einen Scheidungsantrag – was im ersten Moment verwundert, da nach deutschem Recht eine Ehe normalerweise erst nach einjähriger räumlicher Trennungszeit geschieden werden kann. Vor Gericht erklärte die Frau dann aber zur allgemeinen Verwunderung, diese gesetzliche Regel gelte für sie nicht: Das einer jeden Scheidung vorausgehende Trennungsjahr sei nämlich wegen einer »offenkundigen unzumutbaren Härte« in ihrem Fall entbehrlich. Ihr Mann sei schließlich neuerdings homosexuell – und sie als Realschullehrerin in Bayern habe deshalb ab sofort mit gesellschaftlicher Verachtung und unter Umständen sogar vollständiger sozialer Ausgrenzung zu rechnen. Daher sei ihr auch nicht zumutbar, die zwölfmonatige Frist abzuwarten, nach der das Scheitern einer Ehe per Gesetz vermutet wird und die Scheidung der Eheleute ausgesprochen werden kann. Sie müsse sofort geschieden und von diesem »Makel« befreit werden.

Die offenbar aufgeklärten und in Sachen Homosexualität fortschrittlichen Richter aus Nürnberg sahen das freilich anders. Sie wiesen die Klage der Ehefrau ab. Und zwar mit erstaunlicher Begründung: Zunächst verwiesen sie auf die ständige Rechtsprechung aus der deutschen Schwulen- und Lesbenhochburg Köln und zitierten anschließend den Satz von Klaus Wowereit. Wörtlich heißt es im Urteil: »Die vom Oberlandesgericht in Köln bereits im Jahre 1996 festgestellte soziale Akzeptanz der Homosexualität hat sich zwischenzeitlich in der gesamten Gesellschaft verfestigt. Selbst Vertreter des öffentlichen Lebens bekennen sich mittlerweile offen und ungehemmt zu ihrer Homosexualität (»Ich bin schwul, und das ist auch gut so!«). Die Antragstellerin kann daher wegen der plötzlichen Homosexualität ihres Ehemanns keine konkreten gesellschaftlichen Benachteiligungen mehr vorbringen und demzufolge auch keine »unzumutbare Härte« im Sinne des Bürgerlichen Gesetzbuchs für sich beanspruchen.« Und das in Bayern!

Oberlandesgericht Nürnberg — Aktenzeichen: 10 WF 1526/06

Dürfen Männer im Stehen pinkeln?

Die Rechtslage in deutschen Badezimmern

Hier kommt eine persönliche Frage: Wann duschen Sie eigentlich? Also, ich meine jetzt die Tageszeit: Morgens, mittags, abends oder vielleicht sogar, wie mein Freund Hans-Gerd (Name zum Teil geändert), nachts? Hans-Gerd ist nämlich »Nachtduscher«. Ehrlich gestanden, kannte ich dieses Wort bisher auch nicht. Bis ich mit Hans-Gerd bei unserer Bundesligatipprunden-Abschlusstour neulich das Zimmer geteilt habe. Ungeheuerlich! Wenn alle anderen mehr oder weniger berauscht und friedlich im Bett liegen, geht Hans-Gerd: duschen! Und zwar nicht nur so zum schnellen Abkühlen, nein, Hans-Gerd meint, das sei der einzige Zeitpunkt des Tages, an dem er wirklich seine Ruhe habe und sich erholen könne. Und deshalb duscht Hans-Gerd auch gerne schon mal eine halbe Stunde oder noch länger. Nachts.

So, und sein Nachbar hat jetzt die Nase voll davon. Und hat sich beschwert. Beim Vermieter. Das sei eindeutig zu laut und ihm deshalb nicht mehr zumutbar. Er müsse das rechtlich nicht dulden, duschen sei in einem Mietshaus nämlich nur bis 22 Uhr erlaubt. Was die Frage aufwirft: Wie ist das eigentlich mit den nächtlichen Geräuschen in der Wohnung –

und vor allem: Stimmt das mit dem Duschverbot ab 22 Uhr? Die Antwort lautet: Nein! Im Streit zwischen nächtlicher Körperhygiene und nachbarschaftlichem Ruhebedürfnis hat das Oberlandesgericht (OLG) Düsseldorf schon vor einigen Jahren zugunsten der Nachtduscher entschieden: Waschen darf man sich also auch noch nach 22 Uhr, selbst wenn das Prasseln des Wassers laut sein sollte (OLG Düsseldorf – Aktenzeichen: 5 Ss 411/90). Aber: Hans-Gerd und seine Mitstreiter müssen sich beeilen, denn das OLG setzte die Schmerzgrenze auf dreißig Minuten fest. Wer nachts um 3 Uhr länger als eine halbe Stunde unter dem Brausekopf verbringt, verletzt demnach die nachbarschaftliche Rücksichtnahme im Hinblick auf zulässige Geräuschimmissionen. Das Gleiche, also die 30-Minutengrenze, gilt übrigens nach Meinung des Landgerichts Köln fürs Baden, wobei hier wohl eher der Vorgang des Wassereinlaufens gemeint sein dürfte (Landgericht Köln – Aktenzeichen: I S 304/96).

Und dann soll es ja auch noch die besonders empfindlichen Nachbarn geben, die sich sogar über den nächtlichen Toilettengang der anderen Hausbewohner beschweren. Auch wenn man es nicht für möglich hält, aber in Wuppertal verklagte vor einiger Zeit eine Frau einen männlichen Nachbarn, weil der nämlich, was ja durchaus vorkommen soll, nachts »im Stehen« auf seiner Toilette urinierte: Er solle sich, meinte die Frau, zur Geräuschverminderung bitte schön hinsetzen. Das Amtsgericht in Wuppertal – offenbar mit Männern besetzt – wies die Klage ab. Die (erfreuliche) Begründung: »Weder Nachbarn noch Richter sind befugt, Männern Vorschriften über die Benutzung der eigenen Toilette zu machen. Männer dürfen beim Urinieren stehen.« Danke.

Dieses Problem übrigens hat Hans-Gerd zum Glück nicht. Er setzt sich zu Hause hin. Seine Frau hat gemault. So einfach geht das.

Amtsgericht Wuppertal — Aktenzeichen: 34 C 262/96

Seitensprünge und Unterhaltsansprüche

Worauf man beim Fremdgehen achten sollte

So, wir reden jetzt mal über ein ziemlich heikles Thema, nämlich: Seitensprünge. Genau genommen über Seitensprünge und Recht. Ich weiß, die Verbindung klingt im ersten Moment irgendwie merkwürdig, aber man täuscht sich. Die rechtliche Bewertung von Seitensprüngen beschäftigt nämlich interessanterweise schon seit Jahrtausenden die Völker und vor allem deren Rechtsordnungen: Wussten Sie etwa, dass schon im Alten Testament als Strafe für den Ehebruch der Tod durch Steinigung vorgesehen war (Mose 5, 22), was Jesus bekanntermaßen einige Jahrhunderte später überhaupt nicht gefiel und ihm im Angesicht einer zu verurteilenden Ehebrecherin den wahrlich historischen Satz entlockte: »Wer unter Euch ohne Sünde ist, der werfe den ersten Stein!« (Johannes 8, 7).

Keine Steine wirft übrigens auch der Koran, der den Ehebruch zwar grundsätzlich als schweres Verbrechen ansieht, allerdings die Beteiligten nach herkömmlicher Überlieferung mit je einhundert Peitschenhieben vergleichsweise glimpflich davonkommen lässt (Sure 24, Verse 2–4). In vielen islamischen Ländern, wie etwa der Türkei, Ägypten, Jordanien oder Tunesien wird der Ehebruch nach nationalem Recht geregelt und ist längst straffrei. Nur in Nigeria oder etwa dem Sudan sollte man mit gepflegtem Fremdgehen lieber vorsichtig sein, dort werden nach strenger Auslegung und anderer Überlieferung des Korans die Ehebrecher durchaus noch mit dem Tode bestraft. Übrigens tatsächlich durch Steinigung.

Nach aktueller deutscher Rechtslage droht bei uns zurzeit niemandem die Steinigung, der Seitensprung bleibt vielmehr weitestgehend folgenlos: Zum einen reicht er schon seit dem 1. Juli 1977 allein nicht mal mehr als Scheidungsgrund aus (damals wurde nämlich das »Verschuldensprinzip« aus dem Scheidungsrecht gestrichen). Zum anderen hat man als »Gehörnter/Gehörnte« gegen den Ehebrecher nach ständiger Rechtsprechung des Bundesgerichtshofes (BGH) leider auch noch nicht mal einen Schadensersatzanspruch in Geld, der das Seelenleid wenigstens ein bisschen abmildern könnte. Und ins Gefängnis geht wegen eines Ehebruchs seit 1969 auch kein Mensch mehr. In jenem Jahr wurde der entsprechende Paragraf 172 des Strafgesetzbuches (damals immerhin Freiheitsstrafe bis zu sechs Monaten!) abgeschafft.

Eines allerdings ist bis heute geblieben: Fremdgänger müssen unter Umständen um ihren möglichen Unterhaltsanspruch gegen den betrogenen Partner fürchten. Wem nämlich während der Ehezeit ein »schwerwiegendes, eindeutig bei ihm liegendes Fehlverhalten« zur Last gelegt wird, der kann gemäß Paragraf 1579 des Bürgerlichen Gesetzbuches (BGB) seines Unterhaltsanspruchs verlustig gehen. Kleiner Trost für die Ehebrecher: Erforderlich für den Verlust dieses Anspruchs ist nach der Rechtsprechung des BGH immer ein »nachhaltiges, auf Dauer angelegtes intimes Verhältnis mit einem anderen« während der Ehe. Die ganze Sache muss sich also schon über einige Monate hinziehen. Darum – merke: Wer sich nur auf kurze Affären beschränkt, ist zwar trotzdem ein Ferkel, hat aber zumindest rechtlich nichts zu befürchten.

Bundesgerichtshof — Aktenzeichen: VI ZR 172/71

Legale Demütigung der Staatsgewalt

Wie das Oberlandesgericht Bamberg die Polizei verspottet

Kaum eine Vorschrift im deutschen Recht führt so häufig zu Irritationen und Missverständnissen wie der Tatbestand der »Beleidigung« aus Paragraf 185 des Strafgesetzbuches. Weil sich im Gesetz keine allgemeingültige Definition für den Begriff der Beleidigung findet, müssen die Richter nämlich in der Regel nach Gutdünken und zwangsläufig höchst eigenwillig über Fragen von Ethik, Moral und guten Umgangsformen entscheiden.

Welch sonderbare Blüten das tragen kann, bekam neulich ein Polizeibeamter aus Bayern zu spüren, dem Folgendes passiert war: Im Zuge eines Ermittlungsverfahrens wegen einer Verkehrsstraftat telefonierte der Polizist zur Klärung des Tathergangs mit dem beschuldigten Autofahrer. Als es während des Gesprächs zu einem Streit über die Tatbeteiligung des Fahrers kam und der Polizeibeamte trotz bislang unklarer Beweislage auf seiner Meinung beharrte, meinte der Autofahrer: »Sie sind mir aber ein komischer Vogel!« Der Polizist fühlte sich durch diesen Satz beleidigt und erstattete umgehend Strafanzeige.

Das hätte er wohl besser gelassen, denn das daraufhin ergangene Urteil des Oberlandesgerichts in Bamberg kommt einer Demütigung der Polizei ziemlich nahe: Die Richter hoben nämlich die erstinstanzliche Verurteilung des Autofahrers auf und watschten den Polizeibeamten mit einer Unterweisung in die deutsche Sprachentwicklung förmlich ab. Wörtlich heißt es im Urteil: »Mit der Redewendung ›komischer Vogel‹ wird seit jeher ein sonderbarer, eigentümlicher, merkwürdiger, befremdlicher und mitunter kauziger Mensch bezeichnet. Eine Beleidigung im strafrechtlichen Sinne kann darin aber nicht gesehen werden. So findet sich die vermutlich auf vorchristliche, lateinisch-römische Quellen (›Juvenal‹) zurückgehende Redensart in ihrer altdeutschen Fassung (›Es ist eyn seltzamer Vogel‹) bereits bei dem niederdeutschen Humanisten Eberhardus Tappius in seinem erstmals 1539 in Straßburg erschienen Standardwerk. Bei der Formulierung handelt es sich demnach um eine alte, umgangssprachliche Redewendung, die keinen ehrenrührigen Bedeutungsgehalt haben kann. Sie unterliegt der Meinungsfreiheit des Grundgesetzes.«

Mit dieser erstaunlichen Begründung sprachen die Richter den Angeklagten vom Vorwurf der Beleidigung frei. Polizisten dürfen bei ihrer Arbeit demnach sanktionslos als »komische« oder »seltsame Vögel« bezeichnet werden. Bleibt die Frage: Gilt das eigentlich auch für Richter?

Oberlandesgericht Bamberg — Aktenzeichen: 3 Ss 64/08

Sehr geehrter Achtjähriger!

Wie ein Bonner Rechtsanwalt die gesamte Zunft blamiert

Dass Anwälte bei der Durchsetzung der Rechte ihrer Mandanten bisweilen absichtlich übereifrig agieren, gehört zum Allgemeinwissen in der Branche. Der Mandant, zumeist in Unkenntnis der rechtlichen Zusammenhänge, fühlt sich nämlich geschmeichelt, wenn sein Anwalt die Gegenseite mit besonders harten Tönen attackiert. Ob dahinter ein rechtlich fundiertes Wissen des Advokaten steckt, erkennt der Mandant natürlich nicht. Wie auch?

Wie übergriffig und peinlich Rechtsanwälte in solchen Situationen werden können, dokumentiert ein unglaublicher Fall, der kürzlich dem Landgericht (LG) Bonn zur Entscheidung vorlag: Ein achtjähriger Junge hatte während des Schulunterrichts zu seinem Mitschüler gesagt: »Mein Papa hat neulich für deinen Papa gearbeitet, aber als es dann ans Bezahlen ging, war nichts. Dann hat dein Papa das bei uns abgearbeitet.« Als der Filius des angeblich zahlungsunwilligen Papas die Geschichte dann zu Hause erzählte, fühlte sich der betroffene Vater durch diese Aussage des Jungen diskreditiert – und ging daraufhin zu seinem Anwalt.

Der sollte die angeblich unwahre Behauptung des Achtjährigen aus der Welt schaffen.

Was bis dahin eigentlich schon absurd genug klingt, wurde anschließend zur Farce: Der Rechtsanwalt verfasste nämlich ein an den Achtjährigen (!) gerichtetes Schreiben – mit folgendem Text: »Die von Ihnen getätigten Äußerungen sind geeignet, den Ruf und Leumund unseres Mandanten als Geschäftsmann zu beschädigen. Wir haben Sie namens und im Auftrage unseres Mandanten daher aufzufordern, die beigefügte Widerrufs- und Unterlassungserklärung zu unterzeichnen. Ihre Äußerung ist nachweislich unwahr und wurde von Ihnen wider besseres Wissen abgegeben. Sie hat daher sowohl strafrechtliche als auch zivilrechtliche Bewandtnis.«

Bedenkt man, dass Jura-Studenten in der ersten Woche des ersten Semesters lernen, dass Kinder sich frühestens ab dem vierzehnten Lebensjahr strafbar machen können, darf man sich wundern. Das LG Bonn wertete das Schreiben des Anwalts daher auch als Verletzung des Allgemeinen Persönlichkeitsrechts des Achtjährigen und sprach ihm folgerichtig Schadensersatz zu. Wörtlich heißt es im Urteil: »Der Inhalt des Schreibens an den Minderjährigen ist geeignet, die persönliche Entwicklung des Kindes nachhaltig negativ zu beeinflussen. Der von dem Rechtsanwalt – in Kenntnis der Unrichtigkeit – erhobene Vorwurf einer Straftat mit der Androhung gerichtlicher Schritte gegenüber einem Achtjährigen ist weder durch die Wahrnehmung berechtigter Interessen noch durch sonstige Gründe gerechtfertigt.«

Eine Frage zum Schluss: Kennen Sie eigentlich das Wort »Fremdschämen«?

Landgericht Bonn — Aktenzeichen: 6 S 278/07

Rauchende Richter aus Rostock

Wenn Marlboro-Männer Recht sprechen

In schwierigen Zeiten freut man sich bekanntlich besonders über Zuspruch. Und kommt der dann auch noch von hochoffizieller Stelle – umso besser. Die in der Vergangenheit durch diverse Rauchverbote arg gebeutelten Tabakkonsumenten in Deutschland bekommen einen neuen Fürsprecher, und zwar das Oberlandesgericht in Rostock. Die höchsten Richter im schönen Mecklenburg-Vorpommern bewiesen neulich mit einem erstaunlichen Urteil ein großes Herz für Raucher. Anlass war die folgende, höchst sonderbare Geschichte: Ein (rauchendes) Ehepaar aus Rostock hatte im Herbst eine Mittelmeerkreuzfahrt für das folgende Frühjahr gebucht: Zwei Wochen, all inklusive, Außenkabine, gehobene Kategorie – mit Balkon. Und dann kam das Grauen: Der Reiseveranstalter verhängte kurz vor Antritt der Reise ein generelles Rauchverbot in allen Kabinen seiner Schiffe.

Was tun? Die Eheleute waren sich schnell einig und erklärten umgehend den Rücktritt vom Reisevertrag wegen eines für sie »unzumutbaren Reisemangels«. Die Tatsache, dass sie weiterhin auf dem kabineneigenen Balkon und auf den sonstigen Freiflächen des Schiffes rauchen könnten, sei für sie kein Ersatz, die Reise sei jetzt komplett wertlos geworden, sie wollten ihr Geld zurück.

Was wie ein dummer Scherz klingt, hielt das OLG Rostock überraschenderweise für einleuchtend. Es gestattete dem Ehepaar den Rücktritt vom Vertrag. Der offenbar mit rauchenden Richtern besetzte OLG-Senat kam dabei zu erstaunlichen Einsichten: Ein Reisender könne grundsätzlich dann vom Vertrag zurücktreten, wenn vom Veranstalter wesentliche Veränderungen an der gebuchten Reise vorgenommen würden. Ein solcher Fall liege hier eindeutig vor. Den klagenden Eheleuten sei nämlich zuzugestehen, dass der von ihnen beabsichtigte Reisezweck entscheidend beeinträchtigt wird. Wörtlich heißt es im Urteil: »Die Eheleute haben vor Gericht glaubhaft ausgesagt, sie wollten die Reise nutzen, um »gemütlich mit einem guten Buch, einem guten Wein und einer leckeren Zigarette« ihre Zeit hauptsächlich in der Kabine zu verbringen. Dem erkennenden Senat ist ohne Weiteres nachvollziehbar und bekannt, dass ein Rauchverbot in der Kabine unter diesen Umständen eine wesentliche Einschränkung des Reisegenusses darstellt. Dass das Rauchen auf dem Balkon erlaubt blieb, ändert diese Beurteilung übrigens nicht. Schließlich können witterungsbedingte Einschränkungen des Rauchgenusses dort nicht ausgeschlossen werden.«

Fehlt eigentlich nur noch: »gez. Die Marlboro-Männer«.

Oberlandesgericht Rostock — Aktenzeichen: 1 U 183/08

Der Geburtstag

Wie müssen eigentlich Blumenkästen hängen?

Neulich hatte meine Mutter Geburtstag. Ich war zum Kaffee da. Sie kennen das vermutlich: Im Wohnzimmer zur Feier des Tages das beste Porzellan auf dem Tisch, geschätzte fünfzehn verschiedene Sorten Kuchen, Sahne, Dosenmilch, kleine Kuchengabel (sehr wichtig!), Servietten (zwingend: weiß) und um den Tisch herum die engsten Freundinnen meiner Mutter. Ungefähr so sechs bis acht.

Zwischendrin saß mein Vater, ausnahmsweise mal sprachlos. Na ja, und nach kurzer Begrüßung sagt dann meine Mutter: »Hör ma, Jung, schreib doch mal wat über Blumenkästen!«

Auf den Hinweis, dass ich eher auf Rechtsthemen spezialisiert bin und nicht der Gartenredaktion von *Schöner Wohnen* angehöre, erwidert meine Mutter: »Sei nit so albern, isch mein doch, wenn so 'n Ding wejen dem Wind runterfällt!« Stille. Ich blicke in die Runde, aufmunterndes Nicken von allen Seiten, sogar mein Vater zeigt die erste Regung des Tages. Und weil es ja der Geburtstag meiner Mutter war, habe ich es dann irgendwann versprochen. Deshalb: Blumenkästen und Recht!

Was übrigens bei genauer Betrachtung dann doch gar nicht mal so uninteressant ist: Oder wussten Sie etwa, dass der Vermieter Ihnen nicht vorschreiben darf, wo genau Sie Ihre Blumen aufhängen? Das hat das Landgericht in Hamburg schon im Jahre 2004 entschieden (Aktenzeichen: 316 S 79/04). Ein Vermieter hatte seinen Mietern untersagt, die Kästen auf dem Balkon nach außen hängend anzubringen, da dies angeblich nicht zur Fassade des Hauses passe und im Übrigen beim Gießen die Nachbarn belästige.

Irrtum! Das LG Hamburg gab den Mietern Recht: Blumenkästen dürfen am Balkon auch außen angebracht werden. Jedenfalls dann, wenn sie die Hauswand nicht offensichtlich verunstalten oder beschädigen. Außerdem spielt es auch keine Rolle, ob die Blumen dort dann in Töpfen oder in Kästen gepflanzt sind. Dies könne der Mieter allein entscheiden, schließlich gehöre der Balkon zur Wohnung. Einzige Einschränkung: Die Kästen oder Töpfe müssen ordentlich befestigt sein, damit Passanten oder sonstige Personen nicht gefährdet werden.

Fallen die Dinger dann trotzdem runter, wird es allerdings in der Tat problematisch: Wer auf diese Art andere Personen, zum Beispiel Fußgänger oder Nachbarn in unteren Etagen, verletzt, muss mit Schadensersatzforderungen und unter Umständen sogar einer Strafanzeige wegen fahrlässiger Körperverletzung rechnen. Und das leuchtet auch ein, schließlich schafft man mit diesen überhängenden Blumenkästen eine Gefahrenquelle, und wenn man die nicht ordnungsgemäß sichert, muss man für die Folgen eben einstehen.

Unbedenklich sind nach einem Urteil des Landgerichts in Berlin allerdings von Pflanzen fallende Blätter, diese müssen die Mitmieter tatsächlich dulden. Es sei denn, die Bepflanzung wächst in erheblichem Umfang über die Brüstung und führt, wie etwa beim beliebten Knöterich, zu übermäßiger Belastung durch Blätter und herabfallenden Vogelkot (Aktenzeichen: 63 S 39/02). Also: Vorsicht vor dem Knöterich.

Und dann gab es noch den Fall aus dem schönen Berliner Stadtteil Schöneberg: Dort wollte ein Vermieter einem Mieter, der weder Balkon noch Garten hatte, sogar verbieten, einen Blumenkasten auf dem Fensterblech zum Hof aufzustellen. Zu gefährlich, meinte der Vermieter, und vor allem drohe das Blech zu verbiegen. Auch hier gab das Gericht dem Mieter Recht: Vorausgesetzt, der Mieter befestige den Kasten vernünftig, dürfe er diesen natürlich auf dem Fensterblech aufstellen.

Amtsgericht Schöneberg — Aktenzeichen: 13 C 356/00

Shakespeare fährt Zündapp

Warum man sich gegen grausiges Theater nicht wehren kann

Wann waren Sie eigentlich das letzte Mal im Theater? War es schön, oder haben Sie sich vielleicht über eine lausige Aufführung geärgert? Im letztgenannten Falle muss ich Ihnen leider eine traurige Botschaft verkünden: Selbst höchst sonderbare oder schauerliche Theaterinszenierungen berechtigen nach einem Urteil des Amtsgerichts in Hamburg nicht zur Rückforderung des Eintrittspreises. Der zugrunde liegende Fall klingt dabei wie ein schlechter Scherz:

Ein Theaterbesucher hatte sich in einem Hamburger Theater eine Eintrittskarte für die Komödie *Viel Lärm um Nichts* von William Shakespeare gekauft. Am Abend der Veranstaltung trauten die Besucher dann ihren Augen und Ohren nicht. Anstelle des bekannten Durcheinanders um Liebe, Intrigen, einem am Ende festgenommenen Don Juan und der finalen, glücklichen Doppelhochzeit der vier Hauptfiguren führte das Hamburger Theater eine merkwürdige Inszenierung des vierhundert Jahre alten Stückes auf: Zu Beginn fuhren die Schauspieler mit lärmenden Mofas mehrfach über die Bühne, verdrehten anschließend die von Shakespeare erdachte komödiantische Handlung nahezu vollständig und ließen zum Schluss sogar einen der Protagonisten dramatisch sterben.

Für einen der Besucher war das zu viel: Er schrieb am nächsten Tag an den Theaterdirektor und erklärte, er wolle sein Geld zurück. Schließlich wisse man seit vierhundert Jahren, dass diese Komödie ein Happy End habe – und mit dem dramatischen, der ursprünglichen Vorlage völlig entfremdeten Ende habe das Theater seine Erwartungen auf den üblichen und bekannten glücklichen Ausgang der Geschichte enttäuscht. Er fühle sich im Übrigen unter anderem durch die Mofas auf den Arm genommen, vom Theater in die Irre geführt und sei daher keinesfalls bereit, für diese grausige Aufführung Geld zu bezahlen.

Irrtum! Das Amtsgericht in Hamburg wies die Klage ab und stellte – offenbar äußerst theaterkundig – ein paar grundsätzliche Regeln dazu auf, was man bei der Inszenierung eines bekannten Stückes erwarten darf und was nicht. Wörtlich heißt es im Urteil: »Eine Theateraufführung ist nie das Werk des ursprünglichen Verfassers des Stückes, sondern vor allem das der Schauspieler und des Regisseurs. Jede Aufführung ist daher notgedrungen eine Interpretation. Originalgetreu kann ein Stück daher praktisch nie sein. Abweichungen vom Original, auch grobe und den Ausgang des Stückes betreffende, gehören dazu und machen in der Regel den besonderen Charakter und Reiz einer Inszenierung aus. Gerade deswegen besuchen Zuschauer ja auch das jeweilige Theater.« Und dann ausdrücklich an den Kläger gewandt: »Wer angesichts der heute in Deutschland üblichen Theaterinszenierungen eine ausnahmsweise vorlagengetreue Inszenierung sehen möchte, muss sich im Vorfeld selbst erkundigen und somit sicherstellen, dass er nachher nicht enttäuscht wird. Allein die Ankündigung des Theaters, ein bestimmtes Stück aufzuführen, garantiert aufgrund der künstlerischen Freiheit der beteiligten Schauspieler und des Regisseurs noch lange nicht, dass die bekannte Handlung vollständig und dem Original entsprechend aufgeführt wird.«

Die Kunst ist also frei – und kann vor allen Dingen nicht vor Gericht erzwungen oder reklamiert werden. Wer ins Theater geht, muss also mit allem rechnen. Auch mit Mofas und einem tragischen Ende bei *Viel Lärm um Nichts*.

Amtsgericht Hamburg — Aktenzeichen: 4 C 370/07

Wenn der Ast bricht

Erstaunliches zur Haftung beim Waldspaziergang

Ich habe mich das ehrlicherweise auch schon öfter mal gefragt: Wer haftet eigentlich, wenn mir beim Wandern durch die Eifel mitten im Wald ein Ast auf den Kopf fällt oder ich über eine mit Laub bedeckte Wurzel stürze und mir die Knochen breche? Das Ganze klingt zugegebenermaßen ein bisschen abgedreht, ist es aber keinesfalls – wie mehrere aktuelle Gerichtsurteile belegen.

Das Wichtigste gleich vorneweg: Für die Haftung bei Unfällen im Wald spielt es zunächst mal keine Rolle, wem der Wald gehört. Ob Bund, Land, Gemeinden oder private Waldeigentümer – alle haben die gleichen sogenannten »Verkehrssicherungspflichten« für das jeweilige Waldgebiet. Aber dann darf man sich durchaus wundern: Oder hätten Sie gedacht, dass Sie im Wald grundsätzlich mit umfallenden Bäumen rechnen müssen? Kein Scherz, das hat das Oberlandesgericht Hamm festgestellt und die Verpflichtungen der Waldeigentümer wie folgt beschrieben: »Der Eigentümer des Waldes hat keine besonderen Vorkehrungen zum Schutz der Waldbesucher zu treffen. Insbesondere mit den typischen ›Waldgefahren‹ wie etwa mangelnder Standfestigkeit von Bäumen, herabhängenden Ästen, grasüberwachsenen Steinen oder Wurzeln muss der Waldbesucher jederzeit rechnen. Innerhalb eines geschlossenen Waldes besteht daher in der Regel auch keine Untersuchungspflicht auf Baum- oder Astabbruchgefahren.« (OLG Hamm – Aktenzeichen: 13 U 62/06)

Und das OLG Düsseldorf ergänzt: »Wer sich in die Natur begibt, tut dies grundsätzlich auf eigene Gefahr; er muss mit ›natürlichen‹ Gefahren rechnen. Den Gegebenheiten des Waldes hat der Benutzer zudem durch erhöhte Vorsicht und entsprechendes Schuhwerk Rechnung zu tragen.« (OLG Düsseldorf – Aktenzeichen: 19 U 28/07 und 18 U 275/81)

Das OLG Nürnberg meint sogar: »Bei Wanderwegen und den zu treffenden Schutzmaßnahmen darf der Waldeigentümer davon ausgehen, dass der Wanderer über eine gute Kondition und ein vernünftiges Maß an Erfahrung und Vorsicht verfügt.« (OLG Nürnberg – Aktenzeichen: 4 U 2/75)

Das gilt übrigens nicht nur für Wanderer: Das OLG Düsseldorf wies kürzlich auch einen siebzehnjährigen Mountainbikefahrer mit seiner Klage gegen einen Waldeigentümer ab. Der junge Mann hatte im Wald an einer abschüssigen Böschung eine Treppe übersehen und war mit dem Rad schwer gestürzt. Seiner Meinung, hier hätte der Waldeigentümer ein Warnschild aufstellen müssen, erteilte das Gericht eine klare Absage: Mit einer mäßig ansteigenden Treppe, die den Wanderern den Anstieg der Böschung erleichtert, müsse man im Wald jederzeit rechnen. Dass der Radler nicht mehr habe rechtzeitig bremsen können, sei daher sein eigenes Verschulden. Ebenfalls rechnen muss man nach Meinung des OLG

Düsseldorf übrigens mit Glasscherben im Wald. Ein Hundebesitzer, dessen freilaufender Liebling in eine Scherbe getreten war, wollte Ersatz der Behandlungskosten, den er aber nicht bekam. Ein Waldeigentümer, so das Gericht, sei nämlich nicht verpflichtet, den Waldboden nach Glasscherben abzusuchen, die andere Benutzer dort hingeworfen hätten (Aktenzeichen: 18 U 35/97).

Eine Grenze gibt es aber doch: Sogenannte »atypische« Gefahren muss der Waldeigentümer verhindern bzw. davor warnen. Gemeint sind Hindernisse oder Gefahrenquellen, mit denen selbst der »vernünftige« Waldbenutzer nicht rechnen muss. Das können etwa zugewachsene Schranken, steil abschüssige, vom Waldeigentümer selbst installierte Rampen oder auch ausgehobene Gruben sein. Diese bedürfen der gut sichtbaren Kennzeichnung und Warnung – ansonsten muss der Eigentümer für entstandene Schäden der Waldbesucher haften. Aber auch nur dann.

Oberlandesgericht Düsseldorf — Aktenzeichen: I 19 U 28/07

Adolf Hitler im Treppenhaus

Gewissensnöte eines bayrischen Amtsrichters

»Die Richter sind unabhängig und nur dem Gesetze unterworfen.« Dieser scheinbar harmlose und selbstverständlich klingende Satz aus Artikel 97 des Grundgesetzes garantiert unserem Land seit inzwischen sechzig Jahren eine höchst funktionsfähige Justiz, um die uns, auch wenn man das vielleicht nicht glauben mag, die halbe Welt beneidet. Richterinnen und Richter dürfen und müssen sich allein an den bestehenden Gesetzen orientieren und damit ihre Entscheidungen begründen.

Dass diese von der Verfassung verordnete Gesetzestreue einen Richter zuweilen aber auch an moralische Grenzen bringen kann, bekam neulich ein Jurist der Mietrechtsabteilung des Amtsgerichtes in München zu spüren, dem folgender Fall zur Entscheidung vorlag: Eine Frau hatte bemerkt, dass sich die Mieter eines von ihr vermieteten Einfamilienhauses in einem rechtsradikalen Umfeld bewegen. Als sie im Zuge dessen erfuhr, dass die Mieter das Treppenhaus des gemieteten Objekts mit großflächigen Bildern von Adolf Hitler »geschmückt« hatten, kündigte sie das Mietverhältnis aus »wichtigem Grund« fristlos.

Die Mieter klagten gegen diese Kündigung – und der bedauernswerte Richter musste entscheiden. Sein Problem: Das private Aufbewahren oder Aufhängen von Nazibildern ist nach deutschem Recht tatsächlich immer noch nicht strafbar, da das Strafgesetzbuch eine Nutzung in den eigenen vier Wänden für nicht sanktionswürdig hält. Und Mieter dürfen nach dem Bürgerlichen Gesetzbuch ihre Wohnung im Übrigen grundsätzlich so gestalten wie sie möchten und müssen sich insbesondere keine Anordnungen des Vermieters über aufgehängte Bilder bieten lassen.

Was tun? Den Konflikt zwischen Moral und Gesetzestreue entschied der Richter – sichtbar schweren Herzens – zugunsten der Gesetzestreue. Die Mieter durften bleiben: Wörtlich heißt es im Urteil: »Die Empörung der Klägerin darüber, dass die Mieter Bilder von Adolf Hitler im Treppenhaus aufgehängt haben, ist selbstverständlich nachvollziehbar. Dieser Umstand kann jedoch eine außerordentliche Kündigung nicht rechtfertigen. Das deutsche Recht stellt das private Aufhängen von Nazibildern bis heute nicht unter Strafe. Zudem sind Mieter in der Gestaltung der Räume – soweit sie keine Schäden anrichten – frei. Diese gesetzgeberische Wertung hat das Gericht wegen seiner Bindung an das geltende Gesetz zu respektieren.«

So tragisch kann Verfassungstreue sein.

Amtsgericht München — Aktenzeichen: 424 C 18547/08

Wenn Richter Richter freisprechen

Eine Justizposse aus Regensburg

Wenn Richter über Richter urteilen müssen, ist das naturgemäß für alle Beteiligten eine ziemlich heikle Sache. Wer will es sich schon mit den eigenen Kollegen verscherzen – und je nach Anklage stehen die Betroffenen anschließend häufig auf Lebenszeit ziemlich entblößt da.

Das Motto lautet also: Bloß nicht! Kommt es dennoch zum Unvermeidlichen, lohnt der Blick auf die bereits gesprochenen Urteile besonders. So wie auf die kürzlich ergangene Entscheidung des Landgerichts in Regensburg, die bei genauer Betrachtung als waschechte Justizposse taugt. Folgendes war passiert:

Während einer Verhandlung stellte der Rechtsanwalt eines Angeklagten einen Befangenheitsantrag gegen den Vorsitzenden Richter. Der augenscheinlich übellaunige Jurist wandte sich daraufhin seinem beisitzenden Richter zu und tippte sich gut sichtbar zweimal an die Stirn. Da der Anwalt gerade mit dem Angeklagten sprach, sah er dies nicht, wurde aber von einem Zuschauer auf das »Vogelzeigen« aufmerksam gemacht. Der Rechtsanwalt verlangte daraufhin, die Geste des Richters in das Sitzungsprotokoll aufzunehmen.

Hierzu muss man wissen, dass das Gericht verpflichtet ist, eine in der Gerichtsverhandlung begangene Straftat, also auch eine Beleidigung durch einen selbst am Verfahren beteiligten Richter, im Protokoll zu vermerken.

Der Vorsitzende weigerte sich aber, die von ihm selbst begangene Tat zu protokollieren. Daher musste nun eine andere Kammer des LG darüber entscheiden, ob der Richter sich durch das »Vogelzeigen« strafbar gemacht hatte.

Nach dem Motto »Eine Krähe hackt der anderen kein Auge aus« sahen die Richter im Verhalten des Kollegen aber keine Straftat.

Die Begründung bewegt sich dabei hart an der Grenze zur Peinlichkeit: Wörtlich heißt es in der Entscheidung: »Nach der unwiderlegbaren dienstlichen Einlassung des Richters wurde die Geste nur im Zusammenhang mit einem Gespräch mit dem Beisitzer ausgeführt. Dieser hat bestätigt, dass der Richter zum Zeitpunkt der Geste zu ihm geneigt war. An den Inhalt der hiermit einhergehenden Äußerung des Richters konnte der Beisitzer sich aber nicht mehr erinnern. Damit und aus der Tatsache, dass weder der Angeklagte noch sein Verteidiger die Geste in der konkreten Situation tatsächlich bemerkt hatten, spricht alles dafür, dass das Tippen an die Stirn nicht auf den Verteidiger und den Angeklagten gerichtet war. Eine Beleidigung durch den Richter kommt somit nicht in Betracht.

Angesichts dieser hanebüchenen Entscheidung ist man geneigt, dem Gericht seinerseits einen Vogel zu zeigen. Aber, Vorsicht: Wer sich das gegenüber einem Richter wagt, muss mit einem Ordnungsgeld bis zu 1000 Euro oder einer Woche sofort vollstreckbarer Haft rechnen. Steht genauso im Gesetz. Gleiches Recht für alle?

Landgericht Regensburg — Aktenzeichen: 153 Js 12773/05

Katzenklo macht Bänker froh

Warum beim Geld der Spaß aufhört

Sie wissen bestimmt, dass man zerrissene oder versehentlich in der Waschmaschine zerfledderte Geldscheine bei der Bank oder Sparkasse abgeben und sich dann den entsprechenden Wert gutschreiben lassen kann. Klingt einfach, ist aber in der Realität durchaus kompliziert. Genau genommen funktioniert das Ganze nach ziemlich strengen Regeln: Gemäß Artikel 3 Absatz 1 des »Beschlusses der Europäischen Zentralbank über die Stückelung, Merkmale und Reproduktion sowie den Umtausch und Einzug von Euro-Banknoten« tauschen die nationalen Zentralbanken – bei uns also die Bundesbank – beschädigte Euro-Banknoten um. Voraussetzung: Es müssen entweder mehr als fünfzig Prozent der Banknote vorgelegt werden – oder wenn fünfzig Prozent oder weniger vorgelegt werden, muss der Antragsteller den Nachweis erbringen, dass die fehlenden Teile vernichtet wurden. So weit die Regeln.

Richtig interessant wird es aber erst im nächsten Schritt: Wenn die beschädigten Scheine bei der Bundesbank eingetroffen sind, werden sie nämlich keinesfalls eingestampft. Die Bank leitet die beschädigten Scheine vielmehr an das »nationale Analysezentrum für beschädigtes Bargeld« in Mainz weiter. Dort sitzen derzeit zwölf Mitarbeiter, die in feinster Puzzlearbeit die Scheine aus den Teilen – soweit möglich – wieder zusammensetzen und unter dem Mikroskop selbst aus verbranntem Geld noch Rückschlüsse auf die Banknoten und ihren Ursprungszustand ziehen können. Im vergangenen Jahr sind dort zweiundzwanzigtausend Fälle bearbeitet worden. Läuft alles glatt, wird dem Einreicher des Geldes der Wert des beschädigten Scheins später dann auf seinem Konto gutgeschrieben – übrigens kostenlos und in der Regel innerhalb von zwei Wochen.

Auf den Arm nehmen lässt sich die Bundesbank allerdings nicht, wie jetzt ein Mann aus Frankfurt zu spüren bekam. Der war bei seiner Bank erschienen, hatte drei kleine Stücke eines 500-Euro-Scheins vorgelegt und dann behauptet, den Rest hätte seine Katze gefressen. Sein Problem: Die Analysten in Mainz fanden schnell heraus, dass nur zwei der drei Stücke zum gleichen Schein gehörten. Und diese beiden Stücke ergaben dummerweise keine fünfzig Prozent des Umfangs der Ursprungsnote. Nach den gültigen Vorschriften der EU musste der Mann somit die Geschichte mit der Katze nachweisen.

Da er dies nicht konnte, zog er vor Gericht und forderte gleichwohl die 500 Euro. Der zuständige Verwaltungsrichter tat dann das, was man als Jurist in solchen Fällen tut: Er argumentierte. Und wie. Hier kommt der beachtliche Originaltext: »Da der Kläger weniger als fünfzig Prozent der Banknote vorgelegt hat, kann die Erstattung nach den gültigen EU-Vorschriften nur erfolgen, wenn der Nachweis erbracht wird, dass die fehlenden Teile tatsächlich vernichtet wurden. Der Kläger hat behauptet, seine Katze habe die 500-Euro-Banknote zerfetzt und den fehlenden Rest verschluckt. Mit diesem Vortrag ist eine Vernichtung der restlichen Banknotenteile aber nicht lückenlos nachgewiesen. Es ist nämlich durchaus denkbar, dass die Katze – nachdem sie die Banknote zerfetzt hat – einzelne Teile dieser Banknote unbemerkt verschleppt hat. Es wäre daher möglich, dass die Banknotenteile später wieder aufgefunden werden oder aber – wenn die Katze den Schein tatsächlich gefressen und die Banknotenteile später ausgeschieden hat – die Banknotenteile in den Exkrementen der Katze noch vorhanden waren und je nach Verbleib der Exkremente in diesen noch vorgefunden werden können. Insoweit wäre es dem Kläger zuzumuten gewesen, die übrigen Banknotenteile in den Exkrementen der Katze sicherzustellen. Nur unter diesen Voraussetzungen hätten die 500 Euro ersetzt werden müssen.«

Wie gesagt, beim Geld hört der Spaß auf. Auch für Juristen.

Verwaltungsgericht Frankfurt — Aktenzeichen: 1 K 2838/08

Tiefdruck im Gerichtssaal

Warum man die Wettervorhersage nicht verklagen kann

Mitten im globalen Klimawandel lohnt sich insbesondere vor dem Urlaubsantritt immer mal wieder der Blick auf das zu erwartende Wetter: Scheint in Florenz nächste Woche beim Gang über den Ponte Vecchio auch wirklich die Sonne? Was wird mit der geplanten Kanutour auf dem Bodensee, wenn es dann aus Eimern schüttet? Liegt wirklich ganzjährig Schnee auf der Zugspitze? Und kann die Oma mit nach Mallorca, wenn es da angeblich die gesamten drei Wochen um die vierzig Grad heiß wird?

Um diese Fragen zu klären, gibt es inzwischen neben den extrem medienpräsenten Meteorologen dieser Welt auch eine Unzahl von Internetseiten, auf denen verschiedene Wetterdienste ihre Vorhersagen – teilweise bis zu acht Wochen im Voraus – anbieten. An sich eine gute Sache, nur: Kann man sich eigentlich gegen unzutreffende Wettervorhersagen im Nachhinein rechtlich wehren? Und bekomme ich vielleicht sogar Schadensersatz, wenn ich in Erwartung einer angekündigten dreiwöchigen Schönwetterperiode meinen kompletten Jahresurlaub genommen, ein Hotel auf Sylt gebucht und der ganzen Familie neue Sommersachen gekauft habe, um am Ende dann bei vierzehn Grad und Dauerregen mit den Kindern Monopoly und Autoquartett bis zum Abwinken spielen zu müssen?

Das Bürgerliche Gesetzbuch ist in dieser Angelegenheit leider wenig verbraucherfreundlich und sagt in dem dafür zuständigen Paragrafen 675 vielmehr Folgendes: »Wer einem anderen einen Rat oder eine Empfehlung erteilt, ist zum Ersatz des aus der Befolgung des Rates oder der Empfehlung entstandenen Schadens nicht verpflichtet.« Die Konsequenzen sind fatal: Die Herrschaften vom Wetterdienst befinden sich nämlich stets auf der rechtlich unverbindlichen und damit aus ihrer Sicht sicheren Seite. Denn bei ihren Vorhersagen handelt es sich lediglich um sogenannte »Auskünfte«, die unter den eben zitierten Paragrafen 675 des BGB fallen. Halte ich mich daran, trage ich somit auch allein die Konsequenzen, wenn die erteilte Auskunft wider Erwarten nicht stimmt. Den Schaden einer falschen Vorhersage kann man folglich nicht beim Wetterdienst einklagen – es sei denn, man hätte einen ausdrücklichen Vertrag darüber geschlossen, was selbstredend niemandem in den Sinn kommt.

Das mag im ersten Moment irgendwie ungerecht klingen, zumal sich in den letzten Jahren ein gewaltiger Wirtschaftszweig mit vermutlich ziemlich beachtlichem Ertrag für die »Wettermacher« entwickelt hat. Aber darauf kommt es nicht an: Entscheidend ist allein, dass der Gesetzgeber gewisse Arten von Erklärungen aus dem rechtlich greifbaren Bereich heraushalten wollte. Und dazu gehört eben leider auch die

Wettervorhersage, ihr fehlt jede Form der Rechtsverbindlichkeit. Die Wettermänner wird es freuen. Sie können weiter hemmungslos und sinnfrei die Sendezeit zubrabbeln und wild umherspekulieren – und wir dürfen ihnen weiter zuhören und glauben. Oder eben nicht. Kein Tief über Island wird jedenfalls vor einem deutschen Gericht enden.

§ 675 Bürgerliches Gesetzbuch (BGB)

Nachlösen verboten!

Überraschungen an der Parkuhr

Ehrlich gestanden habe ich das auch schon öfter mal gemacht. Und war dabei peinlicherweise ebenso ahnungslos wie der bedauernswerte Mann aus Bremen, dessen Unwissenheit die folgende Geschichte ans Licht brachte.

Besagter Mann hatte in der Bremer Innenstadt morgens gegen neun Uhr einen Parkschein für sein Fahrzeug gelöst. Kurz bevor die von ihm gewählten zwei Stunden abgelaufen waren, kam er nach eigenen Angaben zurück zu seinem Auto, löste einen neuen Parkschein und legte ihn anstelle des alten in seinen Wagen. Dies wiederholte er insgesamt dreimal, und zwar im sicheren Glauben, sein Fahrzeug somit bis 17 Uhr ordnungsgemäß geparkt zu haben. Und dann passierte es: Um 16.20 Uhr ließ die Stadtverwaltung den Wagen wegen Verstoßes gegen die Straßenverkehrsordnung (StVO) abschleppen und legte dem Mann die Kosten hierfür zur Last. Gegen diesen Kostenbescheid der Stadt Bremen erhob der Mann anschließend Klage – und im Laufe des Gerichtsverfahrens trat dann die ziemlich überraschende Rechtslage zutage: Nach den gültigen Vorschriften der StVO ist das »Nachlösen« von Parkscheinen verboten! Die zulässige Parkdauer bestimmt sich immer nach dem Ablauf des zuerst gezogenen Parkscheins. Ist diese Zeit verstrichen, muss man seinen Wagen tatsächlich wegfahren. Man kann ihn dann zwar, wenn kein anderer Verkehrsteilnehmer bereitsteht, wieder auf den Parkplatz fahren und einen neuen Parkschein lösen, muss aber auf jeden Fall zunächst die Parkfläche räumen.

Was im ersten Moment mächtig kleinkariert bis geradezu absurd klingt, ist bei genauer Betrachtung leider sogar sinnvoll: Denn nach dem Willen des Gesetzgebers liegt der Zweck eines Parkscheinautomaten darin, die Dauer der Parkzeit auf kurze Zeiträume zu beschränken und somit möglichst vielen Verkehrsteilnehmern die Chance einzuräumen, ihr Fahrzeug dort vorübergehend abzustellen. Langzeitparken soll gerade verhindert werden, deshalb übrigens gibt es auch bei jedem Parkautomaten festgelegte, absolute Höchstparkzeiten.

Der eigentliche Knüller kam allerdings noch: Als das Gericht die Rechtslage erklärt hatte, fragte der erstaunte Mann, woher die Politessen denn gewusst hätten, dass er den Parkplatz nicht nach jeweils zwei Stunden kurzzeitig verlassen, anschließend erneut eingeparkt und einen neuen Parkschein gelöst habe. Die überraschende Antwort: Die Politessen hatten sich den Stand der Ventile an den Autoreifen notiert, später sogar Skizzen mit entsprechenden Uhrzeitangaben davon gemacht und konnten so problemlos nachweisen, dass der Wagen in der fraglichen Zeit nicht bewegt worden war.

Da muss man sagen: Sehr beachtlich, mit welchen Methoden ahnungslose Parksünder, die im guten Glauben, aber leider gesetzlich unzulässig einen Parkschein (nach-)gelöst haben, in der Hansestadt Bremen verfolgt werden. In anderen Städten übrigens gilt selbstverständlich auch die Straßenverkehrsordnung – und deshalb sollte man grundsätzlich immer sehr vorsichtig sein mit dem Nachlösen von Parkscheinen. Es ist, wie gesehen, verboten und kann ziemlich teuer werden.

Verwaltungsgericht Bremen — Aktenzeichen: 5 K 1644/08

Papageien in Not

Wenn Missgunst die Scheidung stört

Wenn Beziehungen oder gar Ehen auseinandergehen, ist das zumeist eine tragische Sache und endet nicht selten in üblen Gefechten vor Gericht. Unsere Rechtsordnung hat für solche Fälle umfassende Regeln geschaffen – und irgendwann kehrt dann bei den Betroffenen auch Ruhe ein. Meistens jedenfalls.

Ist freilich Missgunst im Spiel, darf man sich wundern, mit welch erstaunlichem Ehrgeiz die Enttäuschten bisweilen zu Werke gehen und dabei nicht nur den verflossenen Partner, sondern vor allem auch die Justiz mit absurden Anträgen ärgern.

Folgende skurrile Geschichte spielte sich kürzlich vor dem Oberlandesgericht in Celle ab: Eine Frau aus Hannover wurde 2007 nach fast dreißigjähriger Ehe von ihrem Mann geschieden. Die nachehelichen Vermögensverhältnisse waren erfreulich schnell und einvernehmlich geklärt, und die Sache schien – zumindest rechtlich – abgeschlossen. Aber der Schein trog: Im ursprünglichen Scheidungsverfahren hatte das Gericht zwar sämtliche vermögensrechtliche Fragen geklärt, dummerweise aber die Zuteilung der von den Eheleuten während der Ehezeit neben anderen Tieren gehaltenen zwei Papageienpärchen übersehen. Die offenbar ziemlich verbitterte Frau nutzte die Gelegenheit und strengte einen Nachfolgeprozess an. Ihr Ziel: Der Ehemann dürfe die Tiere keinesfalls für sich behalten, er solle sie vielmehr dem gemeinnützigen Verein »Papageien in Not e.V.« übergeben. Sie selbst könne die Tiere zwar nicht in ihre neue Wohnung aufnehmen, aber ihr Mann dürfe die Papageien trotzdem nicht behalten, schließlich müsse alles gerecht aufgeteilt werden, und ihr Mann hätte dann logischerweise ein Plus.

Was wie ein Scherz klingt, beschäftigte anschließend tatsächlich über insgesamt stolze zweieinhalb Jahre die Instanzen. Am Ende löste das OLG Celle trotz des eigentlich absurden Begehrens den Streit mit beachtlicher Souveränität. Die Richter gaben der Frau zu verstehen, dass Missgunst, bei allem Trennungsschmerz, im Scheidungsrecht nichts verloren hat und demzufolge im Gesetz keine Stütze findet. Wörtlich heißt es in der Entscheidung: »Sinn und Zweck der Scheidungsregeln ist es eindeutig nicht, den anderen Ehegatten nur von der Nutzung des vormals gemeinsamen Hausrates oder Vermögens auszuschließen. Ein rechtsgültiger Anspruch kann daher nur dann begründet sein, wenn der Ehegatte die Herausgabe der streitgegenständlichen Sachen an sich selbst begehrt und dadurch eine kostenträchtige Neuanschaffung für die eigene Lebensführung vermeiden möchte. Wer hingegen nur verhindern will, dass der andere Ehegatte über Vermögensgegenstände weiter verfügen kann, selbst aber kein eigenes Interesse an deren Besitz hat, kann einen dementsprechenden Antrag nicht stellen.«

Wie gesagt: Missgunst hat nach unserer Rechtsordnung bei einer Scheidung nichts zu suchen. Wenn es nur so einfach wäre!

Oberlandesgericht Celle — Aktenzeichen: 15 WF 44/09

Polen vor Gericht

Die merkwürdigen Ansichten einer Pforzheimer Amtsrichterin

»Besuchen Sie Polen – Ihr Auto ist schon da!« Mit diesem ziemlich üblen Scherz griff Harald Schmidt vor einigen Jahren in seiner Spätabendshow das bis heute an deutschen Stammtischen immer noch oft zu hörende Vorurteil gegenüber unseren polnischen Nachbarn auf.

Auf demselben Niveau, allerdings gänzlich fern jeder Satire, bewegte sich neulich eine Amtsrichterin aus Pforzheim, die dieses Vorurteil allen Ernstes in einem Strafverfahren als Argument für die Verurteilung eines Angeklagten nutzte. Es ging um folgenden Fall: Ein siebenundvierzigjähriger Ingenieur hatte im Internet bei eBay ein Navigationsgerät zum Preis von 670 Euro ersteigert. Angeboten war die Ware als »nagelneu und top-legal«. Der Ingenieur wusste, dass ein solches Gerät im herkömmlichen Verkauf etwa 2.100 Euro kostet. Der Verkäufer, der bei eBay von neunundneunzig Prozent seiner fast eintausend Kunden als zuverlässig bewertet wurde, hatte sich als polnischer Staatsbürger ausgegeben und auch darauf hingewiesen, dass die Versendung der Ware von Polen aus erfolge. Nach der reibungslosen Abwicklung des Geschäfts stellte sich dann zufällig heraus, dass das Gerät einige Monate vorher aus einem gestohlenen Wagen ausgebaut worden war.

Der Ingenieur wurde daraufhin wegen Hehlerei angeklagt. Hierzu muss man wissen: Als »Hehler« macht sich gemäß Paragraf 259 des Strafgesetzbuches schuldig, wer eine Sache kauft, die ein anderer gestohlen hat. Freilich muss der Hehler von diesem Diebstahl des anderen (also des Verkäufers) gewusst haben. Und genau das war die Frage, die die Amtsrichterin dann mit erstaunlicher Begründung bejahte. Wörtlich heißt es im Urteil: »Neben der auffälligen Differenz zwischen Neuwert und Kaufpreis war für den Angeklagten ersichtlich, dass das Gerät von Polen aus verkauft wurde. Aus diesen Indizien ergibt sich für das Gericht der zwingende Schluss, dass der Angeklagte im Hinblick auf den Diebstahl des Verkäufers bewusst handelte.«

Zum Glück legte der Ingenieur gegen diese Ungeheuerlichkeit Berufung ein. Und wurde selbstverständlich in zweiter Instanz freigesprochen. Das Landgericht Karlsruhe hielt sich dabei (leider) vornehm zurück mit Schelte gegen die Kollegin. Entsprechend neutral heißt es im Urteil: »Dass der Anbieter des Gerätes sich in Polen befand, kann in keinem Falle als Indiz dafür herangezogen werden, dass der Angeklagte mit Diebesgut rechnen musste. Ein Verurteilung wegen Hehlerei kam mit dieser Begründung selbstverständlich nicht in Betracht.«

Fazit: Auch ein überdurchschnittliches Jura-Examen, das übrigens Voraussetzung für eine Richterstelle ist, schützt offenbar nicht vor Stammtischniveau. Ob die Pforzheimer Richterin sich inzwischen wenigstens entschuldigt hat, ist leider nicht überliefert.

Amtsgericht Pforzheim — Aktenzeichen: 84 Js 5040/07
Landgericht Karlsruhe — Aktenzeichen: 18 AK 136/0

Weißer Teller auf weißer Tischdecke

Warum Toilettenwächter keinen Anspruch auf 50 Cent haben

Kennen Sie das Gefühl? Sie waren gerade auf einer öffentlichen Toilette, im Restaurant, im Kino oder im Kaufhaus, wollen die Räumlichkeiten erleichtert wieder verlassen – und dann sitzen sie da: in weißen Kitteln, an einem kleinen Tisch, darauf ein weißes Tellerchen mit vereinzeltem Münzgeld auf einer ebenfalls schneeweißen Tischdecke. Und in der Luft steht der Satz: »Na, willst du mich hier wirklich so ohne jeden Cent sitzen lassen, obwohl ich im Schweiße meines Angesichts dieses Klo für dich mit meinen eigenen Händen geschrubbt habe?«

Logisch: Dieser psychischen Drucksituation halten nur äußerst stabile Charaktere stand. Der Rest zahlt. Fühlt sich ja sonst auch irgendwie doof an, da so einfach an dem Tisch vorbeizugehen. Aber: Muss man, rechtlich betrachtet, eigentlich zahlen?

Die Antwort lautet: Nein, muss man nicht! Auch wenn es bei diesem Thema albern klingen mag, aber der juristische Hintergrund ist tatsächlich ziemlich interessant und am Ende sogar einleuchtend: Genau genommen fehlt es für eine rechtliche Zahlungspflicht an einem Vertrag zwischen dem pinkelnden Benutzer und dem Toilettenwächter. Der Weißkittel hat nämlich in der Regel einen Reinigungsvertrag nur mit seinem Auftraggeber abgeschlossen, also dem Restaurant-, Kino- oder Kaufhausbesitzer. Und aus diesem Vertrag ist er natürlich sowieso verpflichtet, die Toiletten sauber zu halten, und wird dafür von seinem Auftraggeber auch – wenn auch normalerweise ziemlich mäßig – bezahlt. Mit dem eigentlichen Benutzer der Toilette existiert ein solcher »Toilettenreinigungsvertrag« demzufolge gar nicht.

Die Zahlung durch die Benutzer ist somit immer nur eine »Gefälligkeit«, also eine Leistung ohne vertragliche Grundlage und damit auch ohne jede Rechtspflicht. Man kann zahlen, muss aber nicht. Und das gilt übrigens selbst dann, wenn auf dem weißen Tischchen ein Schild mit der Aufschrift »50 Cent« oder etwas Ähnlichem steht. Hierbei handelt es sich immer nur um eine Art »Empfehlung«, keinesfalls aber um ein rechtlich bindendes Vertragsangebot an den Benutzer, das man dann etwa durch Betreten der Toilette angenommen hätte. Rein juristisch betrachtet befinden sich die Toilettenwächter somit auf ziemlich verlorenem Posten. Womit sie dann am Ende doch allein auf den guten Willen oder das schlechte Gewissen der Benutzer angewiesen bleiben.

§ 241 Bürgerliches Gesetzbuch (BGB)

Das Recht, zu weinen

Wenn Babys vor Gericht stehen

Für die einen sind es die schönsten Töne der Welt, für die anderen ist es ein Grund, vor Gericht zu ziehen: Kindergeschrei. Im Kampf um das Recht von Babys, zu jeder Tages- und Nachtzeit weinen zu dürfen, hat sich das Amtsgericht (AG) in Hamburg jetzt auf die Seite der Allerkleinsten geschlagen und einen Mieter in die Schranken gewiesen. Folgendes war passiert: Mit dem Hinweis auf unzumutbares Kindergeschrei aus der über ihm liegenden Wohnung hatte ein Mieter aus Hamburg-Bergedorf seinem Vermieter fristlos gekündigt und zudem die Miete für die zurückliegende Zeit gemindert. Sein Argument: Er habe in den vergangenen Monaten an insgesamt zweiunddreißig Tagen Kinderlärm ertragen müssen und sei zudem nachts durch das Weinen eines neugeborenen Babys mehrfach geweckt worden. Das sei ihm auch und gerade in einer Mietwohnung nicht zumutbar.

Wie man sich täuschen kann! Ein offensichtlich äußerst kinderfreundlicher und mit den Nöten junger Eltern vertrauter Richter belehrte den Mieter eines Besseren und stellte außerdem bemerkenswerte Regeln zu der Frage auf, was man in einem Mehrfamilienhaus an Kinderlärm dulden muss –

wörtlich heißt es im Urteil: »Kinderlärm ist sozialadäquat. Diesen müssen Mieter in Mehrfamilienhäusern daher grundsätzlich hinnehmen. Kinder, insbesondere Kleinkinder und Babys, müssen nämlich die Möglichkeit behalten, sich entsprechend ihrer Entwicklung zu äußern. Es ist leider so: Kleine Kinder wachen nachts auf, weinen und schreien, ohne sofort von den Eltern beruhigt werden zu können. Es wäre menschlich schrecklich, wollte man kleinen Kindern verbieten, nachts zu schreien oder zu weinen, wenn das Kind etwa Schmerzen hat, sich einsam fühlt oder sonst aus unerklärlichen Gründen auf sich aufmerksam machen möchte. Ein Baby kann schließlich nicht sagen, was ihm fehlt; es drückt sein Leid bekanntermaßen durch Weinen und Schreien aus.«

Nach dieser einfühlsamen Belehrung über die Psyche der Kleinsten gab es dann auch noch ein paar klare Ansagen für den betroffenen Mieter: »Kinderlärm in der Nachbarwohnung stellt daher im Regelfall keinen Grund für eine fristlose Kündigung des Mietverhältnisses dar. Ebenso wenig berechtigt er zur Minderung des Mietzinses. Sofern es um Kindergeschrei in der Zeit bis 22 Uhr abends geht, ergibt sich dies bereits aus dem Umstand, dass die Mieter während dieser normalen Tageszeit in einem Mehrfamilienhaus sowieso mit einem erhöhten Lärmpegel rechnen müssen. Dazu gehört auch Kindergeschrei. Dass Babys zudem nachts gelegentlich weinen, mag zwar für die Nachbarn lästig sein, kann aber nicht ernsthaft als Kündigungsgrund benannt werden. Es ist schlicht Teil der natürlichen Entwicklung eines jeden Kindes, die man als Nachbar in einem Mehrfamilienhaus zu dulden verpflichtet ist.«

Also: Kinder dürfen zum Glück Kinder bleiben. Auch und vor allem in Mietwohnungen. Die schönsten Töne der Welt muss man im Zweifel somit auch als unbeteiligter Nachbar aushalten.

Amtsgericht Hamburg-Bergedorf — Aktenzeichen: 409 C 285/08

Loriot lässt grüßen

Kapriolen aus dem deutschen Namensrecht

Wenn man heiratet, gibt es inzwischen mehrere Möglichkeiten, den Ehenamen zu wählen: Während bis 1957 die Ehefrau nach dem damals gültigen Recht den Namen des Mannes noch annehmen musste, ist das Gesetz heute deutlich fortschrittlicher – mittlerweile kann jeder Ehegatte seinen Namen einfach behalten. Ein gemeinsamer Ehename ist nicht (mehr) zwingend vorgeschrieben. Die Ehegatten können aber auch einen der beiden Namen zum gemeinsamen Ehenamen bestimmen, also durchaus auch den der Frau. Der Ehegatte, dessen Name dann nicht zum gemeinsamen Ehenamen wird, hat aber die Möglichkeit, seinen ursprünglichen Namen dem gewählten Ehenamen trotzdem anzuhängen oder vorzuschalten. Ein Beispiel: Wenn Frau Müller den Herrn Schmitz heiratet und »Schmitz« der Ehename sein soll, hieße Herr Schmitz weiterhin Herr Schmitz und Frau Müller, wenn sie denn wollte, hieße Müller-Schmitz oder Schmitz-Müller.

Richtig interessant wird es aber im Falle der Scheidung: Zum einen kann man natürlich dann seinen ursprünglichen Namen wieder annehmen, also unsere Frau Müller-Schmitz kann dann wieder wie früher Frau Müller heißen. Zum anderen kann man aber seit 2005 auch den »erheirateten« Namen behalten und diesen später sogar weitergeben! Nehmen wir also mal an, dass unsere Frau Müller während der Ehe einfach nur Frau Schmitz geheißen, also den Namen des Mannes ohne Zusatz angenommen hätte. Wenn sie den erheirateten Namen »Schmitz« nun schöner als ihren ursprünglichen Namen »Müller« findet (soll vorkommen) und gerne in die nächste Ehe mitnehmen möchte, kann sie dies tun. Damit bekäme bei genauer Betrachtung ihr nächster Gatte unter Umständen den Namen seines Vorgängers. Klingt nach Loriot, steht aber tatsächlich so im Gesetz.

§ 1355 Bürgerliches Gesetzbuch (BGB)

Auto im Aus: Platzverweis!

Was Fußballfelder von Parkplätzen unterscheidet

Kennen Sie eigentlich den Unterschied zwischen der Seitenauslinie eines Fußballfeldes und der Parkflächenmarkierungslinie im öffentlichen Verkehrsraum? Nein? Also, beim Fußball ist das so: Solange der Ball auf der Seitenauslinie rollt und noch nicht mit vollem Umfang drübergerutscht ist, ist er: drin! Wenn hingegen die Reifen Ihres Autos auf einer Parkflächenmarkierungslinie stehen, sind sie: draußen! Oder genauer gesagt: Dann sind Sie, liebe Autofahrer: dran!

Kein Scherz. Das hat neulich das Verwaltungsgericht in Berlin entschieden. Eine Autofahrerin war mit ihrem Pkw so in eine mit Linien begrenzte Parkfläche gefahren, dass die Hinterräder auf der Begrenzungslinie standen und das Heck dreißig Zentimeter über die Parkfläche hinaus in Richtung Fahrbahn ragte. Die Polizei rief daraufhin ein Abschleppunternehmen, das den Wagen entfernte. Die dadurch entstandenen Kosten musste die Autohalterin nun zahlen, da sie nach Meinung des Gerichts mit ihrem Fahrzeug zwar keinen Parkverstoß begangen habe, das geparkte Auto aber eine »Gefahr für die öffentliche Sicherheit« darstelle. Denn wenn ein Auto, dessen Räder auf der Begrenzungslinie einer Parkfläche stehen, in einen nicht mehr gekennzeichneten Raum hinausrage, könne dies für die übrigen Verkehrsteilnehmer, wie etwa andere Fahrzeuge oder eine Straßenbahn, zur Gefahr werden.

Merke: »Drauf« heißt im Straßenverkehr noch lange nicht »drin«. Wer mit seinem Wagen auf der Linie steht, sollte also darauf achten, dass der überschießende Teil des Fahrzeugs niemanden behindern kann. Ansonsten wird abgeschleppt.

Verwaltungsgericht Berlin — Aktenzeichen: 11 A 884.06

Blutgrätschen in Bochum

Wenn der Richter am Spielfeldrand steht

In der Bundesliga kann man wöchentlich eindrucksvoll besichtigen, dass die Schiedsrichter inzwischen rigoros gegen grobe Fouls vorgehen, Gelbe und Rote Karten stehen nach wie vor auf der Tagesordnung – und der Amateurbereich wird kaum anderes zu vermelden haben. Für alle Hobbygrätscher dieses Landes dürfte angesichts dessen eine Entscheidung des Oberlandesgerichts Hamm von besonderem Interesse sein, in der das Gericht nämlich die Frage klärte, ob man auch bei einem Amateurspiel wegen übertriebener Zweikampfhärte rechtlich haftbar gemacht werden kann.

Folgendes war passiert: Bei einer Kreisligapartie in Bochum war ein Stürmer allein auf den Torwart zugelaufen und wurde vom hinterhereilenden Libero mit einer klassischen Grätsche von hinten zu Fall gebracht, ohne dass der Verteidiger den Ball berührt hatte. Für den gab es daraufhin die Rote Karte, für den Stürmer einen Knöchelbruch. Die Krankenkasse des verletzten Spielers kam zunächst für die Heilungskosten von über 6000 Euro auf, verlangte diese dann aber vom gefoult habenden Libero zurück – und bekam überraschend recht!

Das OLG verwies den Spieler darauf, dass mit der Teilnahme an einem organisierten Fußballspiel keinesfalls der rechtsfreie Raum betreten werde. Zwar gehöre der Fußball zu der Gruppe der sogenannten »Kampfsportarten«, bei denen ein deutlich erhöhtes Verletzungsrisiko bestehe, was man als Spieler mit seiner Teilnahme auch bewusst in Kauf nehme. Allerdings decke dies nicht diejenigen Verletzungen, die durch Regelverstöße im Rahmen »unzulässiger Unfairness« und außerhalb der üblichen »kampfbetonten Härte« entstünden. Das OLG bestätigte damit die Regeln für eine zivilrechtliche Inanspruchnahme von Fußballspielern: Die Verletzungen, die innerhalb des regelkonformen Spiels entstehen, begründen keine Haftung. Wer sich also etwa bei einem sogenannten »Pressschlag« das Bein bricht, hat keine Ansprüche gegen seinen Kontrahenten. Gleiches gilt bei nur »geringfügigen« Regelverstößen, die in »wettbewerbstypischen Risikolagen« entstehen. Wer seinen Gegner bei einem Kopfballduell unzulässig zur Seite rempelt, muss ebenso wenig mit einer Klage rechnen wie derjenige, der seinen Gegner im Kampf um den Ball aus Ungeschicklichkeit zu Fall bringt. Überschritten ist die Grenze aber dann, wenn grob fahrlässige oder gar vorsätzliche Regelverstöße begangen werden. Und hierzu zählen neben den klassischen Tätlichkeiten – wie etwa einem Kopfstoß – insbesondere auch die Grätschen von hinten, bei denen erhebliche Verletzungsgefahren bestehen.

Die Spieler, vor allem auch im Amateurbereich, sollten gewarnt sein. Mit dem Überziehen des Trikots betritt man keinesfalls die rechtsfreie Zone, und bei üblen Attacken droht neben der Roten Karte unter Umständen auch eine Schadensersatzklage. Übrigens kommt für einen solchen Anspruch keine Haftpflichtversicherung auf. Grobe Fouls können somit teuer werden.

Oberlandesgericht Hamm — Aktenzeichen: 34 U 81/05

Wo die Liebe hinfällt

Warum Prostituierte erben dürfen

Ich bin mir sicher, dass die meisten von Ihnen das längst wissen: Grundsätzlich kann man gesetzliche Erben in einem Testament nicht vollständig »enterben«. Die Formulierung gehört zwar seit Jahrzehnten zum allgemeinen Sprachgebrauch (»Mein Sohn, du bist enterbt!«), ist juristisch allerdings ziemlicher Blödsinn.

Das Bürgerliche Gesetzbuch gewährt dem Erblasser im Rahmen der sogenannten »Testierfreiheit« zwar die alleinige Entscheidung, wem er was vererben möchte. Allerdings geht dies nicht so weit, dass man die gesetzlichen Erben, wie etwa die eigenen bösen Kinder, von der Erbfolge gänzlich ausschließen kann.

Selbst wenn man dies ins Testament schreibt, bleibt für die Enterbten immer noch der sogenannte Pflichtteil übrig. Und das ist bekanntlich die Hälfte des gesetzlich vorgesehenen Erbteils. Beispiel: Der Vater setzt seine langjährige Geliebte im Testament als Alleinerbin ein und enterbt gleichzeitig Frau und Tochter. Stirbt nun der Vater, bekommen die Ehefrau und die Tochter nicht jeweils fünfzig Prozent (so wäre das nach dem BGB), sondern nur die Hälfte dieses gesetzlich vorgesehenen Erbteils, also nur jeweils fünfundzwanzig Prozent der Erbmasse – das wäre der Pflichtteil. Den Rest des Vermögens, also die übrigen fünfzig Prozent, blieben für die im Testament erwähnte Geliebte.

Und wenn Sie jetzt sagen: »Was für eine Ferkelei, der hat Frau und Kind betrogen – und jetzt kriegt auch noch die Geliebte die Hälfte der Kohle!«, darf ich Ihnen mitteilen, dass genau dieser Fall vom Oberlandesgericht Düsseldorf als rechtlich einwandfrei abgesegnet worden ist. Da hatte tatsächlich ein Familienvater zufällig eine Prostituierte kennengelernt, die er so prima fand, dass er sie anschließend stolze siebzehn Jahre lang besuchte und viel Zeit mir ihr verbrachte. Als er schwer krank wurde und die Dame ihn fortan auch noch pflegte und in ihre Wohnung aufnahm, setzte er sie im Testament als Alleinerbin ein.

Hierzu muss man wissen, dass sogenannte »Geliebtentestamente« von den deutschen Gerichten eher kritisch betrachtet und schon häufig als sittenwidrig angesehen wurden. Das Stichwort lautete: »Keine Hergabe für Hingabe!« Soll heißen: Gibt der Erblasser sein Vermögen erkennbar nur mit dem Zweck her, geschlechtliche Hingabe zu belohnen oder zu fördern, ist das Testament sittenwidrig und damit unwirksam. Das OLG hat nun entschieden, dass aufgrund inzwischen geänderter Wertvorstellungen in unserer Gesellschaft die Maßstäbe nicht mehr so streng anzulegen seien wie früher. Und wenn ein Mann siebzen Jahre lang Kontakt zu einer anderen Frau habe, die ihn nach einem Herzinfarkt dann auch noch pflege, spiele es keine Rolle, dass es sich hierbei um eine Prostituierte handele. Der letzte Wille des Verstorbenen sei in einem solchen Fall nicht als sittenwidrig einzustufen. Die Dame darf ihren Erbteil also behalten. Klingt gut, oder!?

Oberlandesgericht Düsseldorf — Aktenzeichen: 3 Wx 100/08

Aus Versehen verlobt

Von den Tücken des deutschen Familienrechts

Wussten Sie eigentlich, dass sich viele Menschen verloben, ohne es zu merken? Ja, Sie haben richtig gelesen, das passiert in der Tat ziemlich häufig. Der Grund dafür liegt in der Tücke des Gesetzes: Das Bürgerliche Gesetzbuch sieht die Verlobung nämlich als »Vertrag« vor. Der ist einer jeden Ehe zwingend (!) vorgeschaltet und kommt in dem Moment zustande, wo sich die Partner entschließen zu heiraten. Und jetzt die Finte: Hierbei ist es vollkommen gleichgültig, wo und wie das Ganze passiert – insbesondere muss das Wort »Verlobung« gar nicht fallen. Wer sich die Ehe verspricht, ist verlobt. Punkt. Und der Gipfel: Das gilt selbst dann, wenn die Partner dies gar nicht wollen! Der Satz »Schatz, wir heiraten nächstes Jahr, aber verlobt sein möchte ich lieber nicht« ist damit Unfug. Wie gesagt, in dem Moment, in dem sich ein Paar entscheidet zu heiraten, ist es nach dem BGB verlobt. Zwingend.

Die Konsequenzen sind beachtlich: Zwar kann man aus dem Verlobungsvertrag nicht auf Eingehung der Ehe klagen. Allerdings drohen unangenehme Konsequenzen, wenn man später doch noch kalte Füße bekommt und einen Rückzieher macht: Dann müssen nämlich nicht nur die Geschenke, sondern auch sämtliche Aufwendungen, die der andere seit der Verlobung in Erwartung der Ehe getätigt hat, ersetzt werden: Das können zum Beispiel die Kosten der geplanten Hochzeitsfeier, das Brautkleid, die schon gebuchte Hochzeitsreise auf die Bahamas, der Kauf von Hausrat oder die Miete einer gemeinsamen Wohnung sein.

Unter Umständen also ein teurer Spaß. Obwohl: Vermutlich immer noch besser und billiger als ein »Ja«, das eigentlich ein »Nein« sein sollte.

§ 1297 Bürgerliches Gesetzbuch (BGB)

Unislamische Dauerwellen

Wie die deutsche Justiz einen irakischen Friseur abschiebt

Dass im Irak auch viele Jahre nach dem Sturz Saddam Husseins noch längst keine politische und gesellschaftliche Stabilität herrscht, sieht man jeden Tag in den Nachrichten und ist somit hinlänglich bekannt. Immerhin, inzwischen gibt es eine Art »Verfassung« nach westlichem Vorbild, und in der werden neben einer demokratischen Grundausrichtung auch andere elementare Werte wie das Recht auf freie Meinungsäußerung, die Versammlungsfreiheit sowie die Rechte für religiöse Minderheiten festgeschrieben.

Die Realität sieht freilich anders aus, wie das höchst skurrile Urteil eines deutschen Verwaltungsgerichtes in einem Asylverfahren jetzt zutage förderte. Der Fall klingt dabei zunächst wie ein schlechter Scherz: Ein irakischer Staatsbürger war im Jahr 2002 nach Deutschland geflohen und hatte im Sommer 2004, also ein Jahr nach der Invasion der Amerikaner, einen Asylantrag gestellt. Dieser wurde unter Hinweis auf die seit Ende 2003 geänderte politische Lage von den deutschen Behörden abgelehnt – und gleichzeitig eine Abschiebung angeordnet. Hiergegen erhob der Iraker vor dem Verwaltungsgericht in Saarlouis Klage, über die das VG erst einige Jahre später – nach zwischenzeitlich gestellten weiteren Anträgen und Verfahrensverzögerungen – entscheiden konnte.

Da eine Berufung auf die politische Lage seit dem Sturz Saddam Husseins im Zweifel nicht mehr als Asylgrund taugte, berief sich der Iraker in seiner Not auf seinen Beruf: Er sei nämlich Friseur, und die würden im Irak seit Jahren systematisch verfolgt. Obwohl die Verwaltungsrichter erst an einen Scherz glaubten, drückte der Iraker durch, dass das Gericht beim Auswärtigen Amt des Bundes einen Lagebericht zur Frage der »besonders gefährdeten gesellschaftlichen Gruppen« im Irak anforderte. Und was da drinstand, verschlug den Juristen die Sprache. Wörtlich heißt es in der Studie aus dem Dezember 2008: »Friseure im Irak stehen bereits seit Jahren im Visier radikal islamischer Gruppen. Es liegen diverse Berichte darüber vor, dass Friseure von islamischen Extremisten mit gewalttätigen Sanktionen bis hin zu Tötungen bedroht werden, sollten sie bestimmte ›unislamische‹ Dienstleistungen anbieten. Für Männer sind demnach nicht nur ›Vollrasuren‹ untersagt, sondern auch das Schneiden und Kürzen von Bärten im Allgemeinen, Spitzbärte, Koteletten im Besonderen, westliche bzw. moderne Haarschnitte, Gel in den Haaren, die Entfernung von Gesichtshaaren sowie Schönheitsbehandlungen generell.

Eine Vielzahl von Friseursalons hat inzwischen geschlossen, andere können nur existieren, wenn sie gut sichtbar Schilder aufhängen, wonach ›unislamische Dienste‹ ausdrücklich ausgenommen werden. Die zunehmenden Übergriffe auf Friseure beschränken sich nicht auf den Großraum Bagdad, sondern auf alle Gebiete, in denen sunnitische bzw. schiitische Extremisten über Macht verfügen.«

All das half dem irakischen Asylbewerber am Ende übrigens nicht. Das VG meinte allen Ernstes, der Mann wisse ja nun, was ihn in seiner Heimat erwarte. Er könne seine Friseurtätigkeit jetzt entsprechend ausrichten, die benannten »unislamischen« Friseurleistungen unterlassen und die üblichen Schilder in seinem Salon aufstellen. Dann drohe ihm auch keine Gefahr.

So jedenfalls sehen das die Verwaltungsrichter aus dem schönen und friedlichen Saarlouis. Und die müssen es schließlich wissen.

Verwaltungsgericht Saarlouis — Aktenzeichen: 2 K 285/08

Frau Klumstone ist schon vergeben

Von den Tricks der Partnerschaftsvermittlungen

Ich bin mir ziemlich sicher, dass Sie das auch schon mal gemacht haben, und sei es nur klammheimlich: Am Wochenende die Kontaktanzeigen in den Zeitungen durchstöbern. Und am besten sind dann immer die Bilder, unter denen »Original-Kundinnenfoto« steht. Zu sehen ist meistens eine Frau, die locker als Kreuzung von Heidi Klum und Sharon Stone durchgeht. Für den normalsterblichen Herrn selbstverständlich unerreichbar, aber es wirkt: Man(n) guckt hin!

Falls Sie dann übrigens auf die Idee kommen sollten, Frau Klumstone kennenlernen zu wollen, sollten Sie bitte sehr vorsichtig sein: Denn in der Regel ist die abgebildete Liebesgöttin nur ein sogenanntes Lockvogelangebot, also eine Person, die mit der Agentur an sich überhaupt nichts zu tun hat und demnach als mögliche Partnerin, die vermittelt werden könnte, auch gar nicht infrage kommt.

Ob so etwas rechtlich überhaupt zulässig ist, hatte neulich der Bundesgerichtshof zu entscheiden. Und die obersten deutschen Richter stellten Interessantes fest: Wer mit einer Partnerschaftsvermittlung einen Vertrag schließt und sich dabei ausdrücklich für den Kontakt mit der abgebildeten Dame interessiert, kann diesen Vertrag anfechten, wenn die Partnervermittlung nicht nachweist, dass die Frau auch tatsächlich eine vermittlungsbereite Kundin ist.

Hört, hört! Frau Klumstone muss also nicht nur existent, sondern auch noch grundsätzlich paarungsbereit sein. Ist sie dies nicht, kann man den Vertrag stornieren und somit das gezahlte Geld von der Vermittlung zurückfordern – was zumindest für das Portemonnaie eine fraglos gute Nachricht wäre. Frau Klumstone allerdings bleibt damit am Ende doch nur ein hübscher Traum. Der ist dafür aber wenigstens umsonst.

Bundesgerichtshof — Aktenzeichen: III ZR 239/06

Sozialrichter auf Abwegen

Wie man Schwerstbehinderten die letzte Würde nimmt

Man sollte meinen, dass Gerichte im Umgang mit dem Grundgesetz und den elementarsten Rechten der Bürger, insbesondere denen von Behinderten, eine einheitliche Linie verfolgen. Weit gefehlt. Kaum zu glauben, was kürzlich zwei nordrhein-westfälische Sozialgerichte boten: Eine achtundvierzigjährige Frau aus Duisburg, die unter ALS (amyotrophe Lateralsklerose) mit nahezu vollständiger Lähmung der Muskulatur leidet, beantragte bei ihrer Krankenkasse unter Vorlage des entsprechenden Attests einen Rollstuhl mit elektrischer Mundsteuerung – für sie die einzige Möglichkeit, sich innerhalb der Wohnung ohne Hilfe ihres berufstätigen Ehemanns zu bewegen. Ansonsten musste sie an dem Platz, an dem ihr Mann sie morgens »abstellte«, verharren. Die Krankenkasse mochte allerdings zunächst nicht zahlen und gab ein medizinisch-psychologisches Gutachten beim TÜV Rheinland in Auftrag. Dieses Gutachten ergab, dass die Frau den beantragten Rollstuhl jedenfalls im öffentlichen Straßenverkehr nicht sicher steuern könne. Daher lehnte die Kasse die Zahlung endgültig ab.

Was bis dahin schon ungeheuerlich klingt, wurde anschließend zur Groteske: Das im Eilrechtsschutzverfahren angerufene Sozialgericht Duisburg wie auch das Landessozialgericht NRW in Essen verweigerten eine Eilentscheidung und verwiesen die Frau auf den »normalen« Rechtsweg. Hierzu muss man wissen: Normale Verfahren vor den Sozialgerichten dauern gerne ein Jahr oder noch länger. In ihrer Not wandte sich die Klägerin, die zu keiner Zeit mit dem Rollstuhl in den Straßenverkehr wollte und wegen ihrer Behinderung auch gar nicht konnte, an das Bundesverfassungsgericht (BVerfG) – und bekam Recht. Und wie.

Das BVerfG attestierte den Kollegen der Sozialgerichte eine glatte Missachtung des Grundgesetzes, und zwar gleich in zweierlei Hinsicht: Zum einen stehe einem schwertsbehinderten Menschen zur Wahrung seiner Würde ein Recht auf Mobilität zu. Wer nur noch bewegungs- und hilflos, an einem Platz »abgestellt«, verharren müsse, sei in seinem elementaren Recht auf menschenwürdiges Dasein verletzt. Wenn dies Recht auf Mobilität im Falle eines ALS-Patienten nur mithilfe eines Spezialrollstuhls zu realisieren sei, müsse ein solcher bewilligt werden. Und zwar: sofort! Der Verweis auf den normalen Rechtsweg missachte außerdem das Gebot des Grundgesetzes auf effektiven Rechtsschutz. Wörtlich heißt es in der Entscheidung des BVerfG: »Die Gerichte müssen sich in solchen Fällen ohne Zögern schützend und fördernd vor die Grundrechte des Einzelnen stellen.«

Kaum zu fassen, dass sowohl die Krankenkasse als auch zwei Sozialgerichte da offensichtlich anderer Meinung waren.

Bundesverfassungsgericht — Aktenzeichen: 1 BvR 120/09

Vom LKW gefallen

Wenn der Flohmarktverkäufer komisch grinst

Gleich bei uns um die Ecke ist ein Riesenparkplatz, und da findet nahezu wöchentlich ein großer Trödelmarkt statt: Unmengen Verkäufer, riesige Stände, Bratwurst und Bier gibt's auch zu erschwinglichen Preisen, also gerade am Wochenende immer reichlich Auftrieb. Na ja, und neulich laufe ich da samstags morgens so rum und gucke irgendwann auf einen Stand mit Elektrokram: Stecker, Buchsen, Kabel, Batterien usw. Sieht alles mehr oder weniger neu aus, zumindest die Verpackungen.

Und weil ich für meinen kleinen Reisewecker sowieso eine neue Batterie brauche, die im Laden aber sündhaft teuer ist, frage ich nach dieser speziellen Art Batterie: »Kein Problem«, meint der freundlich grinsende Mann hinter der Auslage, »da hab isch noch Einijes hinten im Wagen drin«. Er greift hinter sich in seinen Kombi, holt eine schuhkartongroße Kiste heraus, öffnet sie, und – siehe da! – es lächeln mich Hunderte dieser kleinen Dinger an, für die der Elektrohändler im Geschäft stolze 15 Euro pro Stück haben will. Ich nicke erfreut und frage nach dem Preis: »1,50 Euro, und wenn Sie drei nehmen, gebe ich ihnen die für 4 Euro«.

Obwohl eine solche Batterie in der Regel drei bis vier Jahre hält, nehme ich selbstverständlich drei Stück – wer weiß schon, wann der nächste Weltkrieg ausbricht und ob ich die dann noch mal so günstig kriege. Anschließend trete ich zufrieden den Heimweg an. Schöne Sache.

Aber wussten Sie eigentlich, dass man an gestohlenen Sachen niemals Eigentum erwerben kann? Und dass das sogar dann gilt, wenn man als Käufer von dem vorherigen Diebstahl gar nichts wusste?

Nehmen wir ein anderes Beispiel: Auch Sie gehen also ahnungslos über den Flohmarkt. Und da sehen Sie dann ein schönes gebrauchtes Fahrrad. Und dieses Fahrrad soll schlappe 50 Euro kosten, sieht dafür aber noch ziemlich gut aus. Als sie sich ob des erstaunlichen Preises interessiert zeigen, erklärt der Verkäufer Ihnen, dass er sich selbst kürzlich ein nagelneues Rad gekauft habe und er dieses gebrauchte deshalb jetzt kostengünstig abgeben wolle. Sie glauben ihm und kaufen das Fahrrad. Tatsächlich aber war das Rad – was Sie natürlich nicht wissen können – vor einer Woche gestohlen worden. Erstaunliche Konsequenz: An diesem Rad können Sie keine Rechte erwerben. Es gehört nämlich nach wie vor dem bestohlenen Eigentümer. Wenn Sie dem nun zufällig über den Weg laufen bzw. fahren, müssen Sie ihm seinen Drahtesel zurückgeben. Und der Gipfel: Sie können von ihm dann noch nicht mal den an den Flohmarktverkäufer gezahlten Kaufpreis verlangen. Das Geld müssen Sie sich nämlich bei dem unredlichen Verkäufer zurückholen – falls Sie den denn jemals wiedersehen sollten.

Ach ja, mein Batterieverkäufer hat mir übrigens hoch und heilig versichert, dass bei ihm trotz des extrem günstigen Preises alles mit rechten Dingen zugeht. Er habe nämlich einen »garantiert zuverlässigen Lieferanten«. Ein Glück!

§ 935 Bürgerliches Gesetzbuch (BGB)

Riesling für 2,99 Euro gibt's nicht!

Warum Preisauszeichnungen nicht bindend sind

Am Ende wurde er richtig böse und laut, aber er war leider dennoch im Unrecht: Der ältere Herr, der neulich vor mir in der Schlange stand und partout den Riesling für 2,99 Euro haben wollte. Der Wein stand mit genau diesem Preis im Regal des Supermarktes, und zwar als »Sonderangebot« ausgewiesen. Und deshalb, so der Mann, müsse die Kassiererin jetzt auch diesen Preis abrechnen. Die Frau aber weigerte sich, das Sonderangebot gelte erst ab morgen, das Schild sei wohl einen Tag zu früh aufgestellt worden, und der Wein koste heute noch 4,99 Euro.

Klare Ansage – und erstaunlicherweise sogar zu Recht! Mit den Kaufverträgen im Supermarkt funktioniert das nämlich so: Entgegen landläufiger Meinung hat man die Dinge, die man sich in den Einkaufswagen legt, keinesfalls in diesem Moment schon zum angeschlagenen Preis gekauft. Der Vertragsschluss und damit die verbindliche Abrechnung des Preises finden nämlich immer erst an der Kasse statt. Und dort hat das Kassenpersonal tatsächlich »das letzte Wort«. Stimmen also die Auszeichnung im Regal und der eingescannte oder eingetippte Preis nicht überein, gilt nicht automatisch der für den Kunden günstigere Preis. Genau genommen gilt in diesem Falle weder das eine noch das andere. Dass an dem Warenregal irrtümlich der Preis von 2,99 Euro angeschlagen stand, bindet den Supermarkt leider nicht. Dieser Anschlag hat nämlich überraschenderweise keine verbindliche Rechtswirkung. Die Juristen nennen das Ausstellen von Waren – schön kompliziert – »Aufforderung zur Abgabe eines Angebots«. Und weil das Ausstellen der Ware im Regal nur eine solche »Aufforderung«, aber eben noch keine rechtsgültige Erklärung ist, kann der Kassierer später durchaus einen anderen Preis in die Kasse tippen oder einscannen. Und wer diesen Preis dann nicht möchte, wie unser älterer Herr, der hat – juristisch betrachtet – Pech gehabt. Immerhin: Man ist als Kunde in diesem Falle auch nicht verpflichtet, den höheren Preis zu zahlen, denn zu diesem wollte man das Produkt ja gar nicht kaufen.

Fazit: Am Ende gab es keinen Riesling, dafür aber einen Haufen Ärger und böse Worte auf beiden Seiten. Apropos Ärger: Wenn Waren falsch ausgezeichnet sind, hat man als Kunde zwar – wie gesehen – keinen Anspruch auf den niedrigeren Preis. Die Falschauszeichnung stellt allerdings einen klaren Verstoß gegen das Wettbewerbsrecht dar und kann dem Supermarkt unter Umständen großen Ärger mit den staatlichen Wettbewerbshütern einbringen. Ein entspannter Hinweis darauf, gerichtet an den Supermarktleiter, wirkt bei der Verhandlung über den Preis häufig Wunder.

§ 145 Bürgerliches Gesetzbuch (BGB)

Hürdenlauf im Supermarkt

Warum man mit Hubwagen im Nacken rechnen muss

Das lernen Jura-Studenten im ersten Semester: Liegt im Supermarkt eine Bananenschale auf dem Boden oder ist ein Joghurt ausgelaufen und rutscht ein Kunde darauf aus, dann haftet: der Supermarktbetreiber. Logisch. Juristen nennen so etwas dann »die Verletzung von Verkehrssicherungspflichten« und meinen damit, dass der Supermarktchef natürlich darauf aufpassen muss, dass seine Kunden im Laden nicht zu Schaden kommen. Leuchtet ein – und das bestreitet auch niemand ernstlich.

Jedenfalls bisher. Das OLG in Brandenburg hat mit einer hochinteressanten Entscheidung die Haftung von Supermarktbetreibern bei Unfällen im Laden deutlich eingeschränkt. Eine ältere Dame war zu Fall gekommen. Nicht etwa wegen einer Bananenschale, sondern viel unangenehmer: Sie hatte sich nämlich über eine Kühltheke gebeugt, ein gefrorenes Hähnchen herausgenommen und wollte dann einen Schritt rückwärts in Richtung ihres Einkaufswagens machen, als sie über einen inzwischen dicht hinter ihr postierten Palettenhubwagen stürzte und sich ziemlich übel am Kopf verletzte. Im sicheren Glauben, für diesen Unfall sei das Personal, das sie ja vor dem Hubwagen hätte warnen müssen, verantwortlich, forderte die Frau anschließend vom Supermarktbetreiber Schadensersatz und ein umfangreiches Schmerzensgeld.

Zu Unrecht, wie das OLG in letzter Instanz feststellte. Für diesen Unfall sei die Frau nämlich selbst verantwortlich, so die Richter. Der Supermarktbetreiber oder sein Personal hätten insbesondere keine »Verkehrssicherungspflicht« verletzt, denn sie könnten schließlich nicht für jede Gefahrenlage haftbar gemacht werden. Wörtlich heißt es im Urteil: »Besucher eines Supermarktes müssen grundsätzlich mit Hindernissen vielfältiger Art auf der Verkaufsfläche rechnen – sei es durch andere Kunden, durch Einkaufswagen, Kinderwagen, vom Personal einzuräumende Warenkisten und natürlich auch Palettenhubwagen, die diese Kisten transportieren. Dies ist jedem Kunden eines Supermarktes hinlänglich bekannt. Kunden dürfen sich angesichts dessen im Supermarkt nicht einfach so arglos rückwärts bewegen, sondern müssen jederzeit aufmerksam sein. Es kann einem Supermarktbetreiber insbesondere nicht zugemutet werden, für alle möglichen, in einem Supermarkt klassischerweise anzutreffenden Hindernisse zur Absicherung eigens Mitarbeiter abzustellen. Bei Anwendung der im Verkehr erforderlichen Sorgfalt hätte die Kundin daher die von dem Hubwagen ausgehende Gefahr erkennen und vermeiden können. Eine Inanspruchnahme des Supermarktbetreibers kommt nach alledem nicht in Betracht, die Kundin ist für den Unfall selbst verantwortlich.«

Oberlandesgericht Brandenburg — Aktenzeichen: 13 U 74/0

Tödliches Pferdefutter

Wenn frisches Heu in die falschen Hände gerät

Wussten Sie eigentlich, dass man Pferde keinesfalls mit frischem Heu füttern darf? Man muss da wohl höllisch aufpassen, weil in frischem Heu jede Menge Bakterien- und Pilzbefall stecken. Und wegen der besonderen Beschaffenheit des Pferdemagens kann es dann zu Koliken, also Muskelkrämpfen im Bauch der Tiere kommen. In bestimmten Regionen des Pferdemagens befindet sich nämlich kein Magensaft, was in Verbindung mit nicht abgelagertem Heu zu explosionsartiger Vermehrung von Keimen und der Entstehung von Gasblasen führt. Und am Ende sterben die Tiere dann qualvoll daran. Ein Grauen, furchtbar.

Nein, das ist hier kein Tierarztwitz mit einem Hang zu Horrorszenarien, sondern es geht natürlich ums Recht. Genau genommen um ein Urteil des Oberlandesgerichts Karlsruhe. Im zu entscheidenden Fall hatte ein junger Mann, der seine Freundin von einem Reiterhof abholen wollte, bei einem Rundgang in den Stallungen ein Pferd arg- bzw. ahnungslos mit herumliegendem frischem Heu gefüttert. Als das Pferd am nächsten Tag dann an einer Kolik starb, verklagte ihn der Besitzer des Reiterhofes auf Schadensersatz.

Und zu Recht, wie jetzt die Richter urteilten. Die Juristen hatten zwar einerseits Verständnis für die Ahnungslosigkeit des jungen Mannes, denn »es mag zwar nicht zum Allgemeinwissen gehören, dass frisches Heu für Pferde gefährlich ist«. Im Ergebnis hielten sie sein Unwissen aber dennoch für fahrlässig und unentschuldbar. Wörtlich heißt es: »Dem Beklagten musste allerdings klar sein, dass jegliche unbeaufsichtigte Gabe von Futter an fremde Tiere grundsätzlich gefährlich sein kann, zumal er selbst über keinerlei Kenntnisse und Erfahrung mit Pferden verfügte. Er hätte angesichts dessen die Fütterung unterlassen müssen. Da er dies nicht getan hat, ist er zum Schadensersatz für das getötete Tier verpflichtet.«

Fazit: Selbst Dinge, die gut gemeint sind, können fatale Folgen haben. Gerade bei Tieren und deren Fütterung muss man besonders vorsichtig sein. Ansonsten ergeht es einem unter Umständen wie dem bedauernswerten jungen Mann, der mit zwei Händen frischen Heus (mehr war es übrigens tatsächlich nicht) nicht nur ein Pferd tötete, sondern hierfür am Ende auch noch fast 8000 Euro Schadensersatz zahlen musste.

Oberlandesgericht Karlsruhe — Aktenzeichen: 12 U 73/07

Beamte vor Gericht

Wie Karlsruhe einen bayrischen Staatsdiener düpiert

Richter an sich gelten gemeinhin als weitestgehend humorresistent. Späße oder gar feinsinnige humoristische Einlagen sind ihnen beruflich eher fremd, Urteile müssen schließlich seriös sein. Freilich, in ganz seltenen Fällen, kommt dennoch höchst Erstaunliches zum Vorschein: Reizt man sie nämlich, etwa mit überflüssigen, weil aussichtslosen Prozessen oder gar dämlichen Fragen, können sie auch anders.

So geschehen vor Kurzem vor dem Bundesverfassungsgericht (!): Geklagt hatte ein Beamter aus Bayern. Der wollte partout nicht hinnehmen, dass sein Dienstherr, also der Freistaat Bayern, die regelmäßige Arbeitszeit von Beamten, die das fünfzigste Lebensjahr noch nicht vollendet haben, von vierzig auf zweiundvierzig Stunden pro Woche verlängert. Der Kläger meinte, dies verletze ihn in seinen Grundrechten, da er als Beamter schließlich unter dem besonderen Schutz des Staates stehe und eine solche Arbeitszeit den hergebrachten Grundsätzen des Beamtentums eindeutig widerspreche.

Das war zu viel des Guten. Die höchsten deutschen Richter schmetterten diesen Antrag, der bereits von zwei Instanzgerichten als unbegründet verworfen worden war, ab und ließen keinen Zweifel daran, für wie sinnvoll sie die Klage hielten. Zunächst gab es für den Beamten ein paar grundsätzliche Hinweise. Wörtlich heißt es in der Entscheidung: »Es existiert kein hergebrachter Grundsatz, dass die regelmäßige wöchentliche Arbeitszeit eines Beamten vierzig Stunden nicht überschreiten darf. Vielmehr entspricht es den Grundsätzen des Beamtentums, dass ein Beamter seine ganze Persönlichkeit für den Dienstherrn einzusetzen und diesem – grundsätzlich auf Lebenszeit – seine volle Arbeitskraft zur Verfügung zu stellen hat. Noch im Jahre 1938 belief sich die regelmäßige Arbeitszeit der Beamten auf einundfünfzig Stunden die Woche. Ab 1954 waren es immerhin noch achtundvierzig Stunden.«

Und dann wurde es richtig herzlich: »Bei der Festlegung der Arbeitszeit ist der Dienstherr in seinem Ermessen lediglich durch die Fürsorgepflicht gegenüber seinen Beamten begrenzt. Hierbei hat er durchaus eine gewisse Parallele zu den Arbeitszeiten im öffentlichen Dienst zu wahren. Er darf die Wochenarbeitszeit nur nicht auf ein Maß festlegen, das die Beamten übermäßig belastet oder gar geeignet ist, ihre Gesundheit zu gefährden. Eine Gesundheitsgefährdung des Beamten geht von einer regelmäßigen wöchentlichen Arbeitszeit von zweiundvierzig Stunden aber nicht aus.«

Bundesverfassungsgericht — Aktenzeichen: 2 BvR 398/07

Treue Husaren im Zeugenstand

Warum man Karnevalisten nicht glauben darf

Dass zu Karneval diverse Regeln außer Kraft gesetzt werden, ist bekannt. Streng historisch betrachtet, ist das ja auch der eigentliche Sinn der Sache. Ob dabei aber auch beabsichtigt war, dass das Karnevalsvirus zuweilen die ortsansässigen Richter befällt, darf bezweifelt werden.

Und doch: Vor einigen Jahren kam es an Weiberfastnacht auf der Apostelnstraße in der Kölner Innenstadt zu einem Verkehrsunfall. Ein Kleinbus mit einer zehnköpfigen Abordnung der Karnevalsgesellschaft »Treuer Husar« hatte bei einem Fahrspurwechsel einen von einer Frau gesteuerten Pkw gestreift. Da die Karnevalisten in Eile waren, einigte man sich auf den Austausch der Personalien, und der Bus verließ kurz darauf den Unfallort. Die Haftungsfrage blieb freilich ungeklärt, sodass man sich Monate später vor Gericht traf. Neben zwei unbeteiligten Fußgängern wurden die damals im Bus befindlichen Husaren als Zeugen geladen, und diese gaben zwar mit unterschiedlicher Begründung, dafür aber in bemerkenswert trauter Übereinstimmung der Pkw-Fahrerin die Schuld an dem Unfall. Da die übrigen Zeugen einen anderen Hergang schilderten, stand letztlich Aussage gegen Aussage.

Und dann geschah Erstaunliches: Der offenbar mit Humor gesegnete Richter nahm sich selbst und den Karneval aufs Korn und schrieb folgendes Urteil: »Die Treuen Husaren haben zwar in historisch bewährter Einmütigkeit der Beklagten die Schuld an dem Unfall in die Schuhe geschoben, obwohl diese ein Mädchen war und damit schon nach alter Cöllnischer Sitte an Wieverfastelovend das Recht auf ihrer Seite hatte (siehe bei: Adam Wrede, *Volk am ewigen Stromband,* 1930). Die Aussagen der Husaren erscheinen aber ausnahmsweise nicht verlässlich. Für die Ungenauigkeit ihrer Wahrnehmung spricht nämlich der Charakter einer Busfahrt zu Wieverfastelovend. Bei derlei Gelegenheit pflegt man bisweilen kräftig Alkohol zu trinken und sich munter zu unterhalten. Die Aufmerksamkeit ist dann nicht mehr recht auf das Verkehrsgeschehen gerichtet, zumal für die Husaren offenbar Eile geboten war, um möglichst schnell den nächsten Kriegsschauplatz zu erreichen. Denn es ist bekannt: ›Husaren beten um Krieg wie der Doktor ums Fieber‹ (Simrock, *Deutsche Sprichwörter,* 1846). Zur Rechtsfindung hilft daher nur der Blick in die Bibel. Und dort heißt es bei Markus 14, 56: ›Viele gaben falsch Zeugnis, aber ihr Zeugnis stimmte nicht überein‹. Die Glaubwürdigkeit der Husaren ist demnach unwahrscheinlich.«

Mit dieser Begründung verloren die Treuen Husaren den Prozess. Rechtskräftig. Und das ist kein Witz.

Landgericht Köln — Aktenzeichen: 19 S 138/85

Kiel alaaf!

Wie norddeutsche Karnevalsfreunde gesetzlich benachteiligt werden

Dass der Karneval in Norddeutschland nur ein Schattendasein fristet, ist bekannt. Dass die wenigen Karnevalsfreunde des Nordens zudem aber auch noch mit gesetzlichen Nachteilen rechnen müssen, überrascht dann doch. Folgender Fall stand vor Kurzem vor dem Bundessozialgericht (BSG) in Kassel zur Entscheidung:

Die Versicherungsgesellschaft »Provinzial-Nord-Brandkasse« aus Kiel veranstaltete für ihre eintausendsechshundert Mitarbeiter zu Karneval ein »Faschingsfußballturnier« mit umfangreichem Rahmenprogramm. Das Fest hatte die Betriebssportgemeinschaft der Versicherung mit großem Aufwand organisiert und sowohl den Zuschauern als auch den Fußballmannschaften aufgegeben, in Karnevalskostümen zu erscheinen. Zur Überraschung der Veranstalter kamen dann aber nur etwa einhundert Mitarbeiter, die übrigen eintausendfünfhundert blieben aus Mangel an karnevalistischer Begeisterung lieber gleich zu Hause.

Und dann passierte es: Ein kostümierter Spieler brach sich bei einem Sturz die Schulter. Als er später die gesetzliche Unfallversicherung in Anspruch nehmen wollte, weigerte sich diese. Begründung: Es habe sich keinesfalls um eine »betriebliche Gemeinschaftsveranstaltung« im Sinne des Sozialrechts gehandelt. In Schleswig-Holstein sei nämlich jedermann klar, dass bei einem Karnevalsfest mit Kostümzwang kaum jemand Lust hätte teilzunehmen. Veranstaltungen dieser Art unterlägen daher nicht dem Versicherungsschutz, da sie nicht – was erforderlich wäre – die Gemeinschaft aller Mitarbeiter des Unternehmens ansprächen.

Was für Rheinländer eher wie ein Scherz klingt, bestätigten die Richter am BSG und gaben der Versicherung recht: Eine unfallversicherte Betriebsveranstaltung müsse von der Konzeption her immer auf möglichst umfassende Teilnahme der Mitarbeiter abzielen. Wer im schleswig-holsteinischen Kiel zu Karneval ein Fußballturnier mit Kostümzwang veranstalte, könne sich aber ausrechnen, dass – anders als etwa in Köln oder Düsseldorf – aufgrund mangelnder norddeutscher Karnevalsbegeisterung der Zuspruch bei den Mitarbeitern sehr begrenzt ausfalle. Brauchtum und insbesondere der Karneval seien bekanntermaßen regional verschieden ausgeprägt. Und dann wörtlich: »Eine Einstandspflicht der gesetzlichen Unfallversicherung für eine karnevalistische Betriebsveranstaltung in Kiel kommt nicht infrage.«

Bundessozialgericht — Aktenzeichen: B 2 U 27/08

Nächste Haltestelle ... Krankenhaus

Warum Busfahrer keine Rücksicht nehmen müssen

Diese Geschichte richtet sich an alle, die täglich – oder auch nur manchmal – mit dem Bus fahren (müssen). Und die Botschaft lautet: Halten Sie sich bloß fest!

Falls Sie das nämlich nicht tun, stehen bzw. liegen Sie im Zweifel ziemlich dumm da. Das haben kürzlich nahezu zeitgleich zwei deutsche Gerichte entschieden. Folgendes war passiert: In dem einen Fall stand eine ältere Dame in einem öffentlichen Linienbus kurz vor Erreichen der Haltestelle auf, um sich zur Tür zu bewegen. Genau in dem Moment bremste der Bus scharf, weil ein Radfahrer die Fahrbahn kreuzte. Die Frau fiel zu Boden und erlitt erhebliche Verletzungen. In dem zweiten Fall stieg ein älterer Herr in einen öffentlichen Bus, fand aber, da niemand aufstehen wollte, nicht sofort einen Sitzplatz. Dessen ungeachtet fuhr der Bus ruckartig an, und der Herr ging zu Boden. Die Folge: Erhebliche Gesichtsverletzungen.

In beiden Fällen lautete die Frage natürlich: Muss der öffentliche Busbetreiber für den Schaden aufkommen und gegebenenfalls sogar Schmerzensgeld zahlen? Was im ersten Fall dem Amtsgericht in Frankfurt und im zweiten Fall dem

Landgericht in Offenburg dazu einfiel, eignet sich problemlos als Verhaltenskodex für die Nutzung der öffentlichen Busse und Bahnen. Und hierbei darf man sich wundern. Ein Mitverschulden der Busfahrer wollten die Gerichte in beiden Fällen nicht erkennen. Im Gegenteil. Wörtlich heißt es:

»Ein Schadensersatzanspruch der verletzten Fahrgäste war zu verneinen. Fahrgäste sind stets gehalten, bis zum Erreichen der Haltestelle sitzen zu bleiben oder aber sich an den vorgegebenen Schlaufen festzuhalten. Gerade in einer belebten Stadt muss nämlich jederzeit mit einer Vollbremsung gerechnet werden. Wird ein Bus im innerstädtischen Verkehr bewegt, muss jeder Fahrgast in jeder Sekunde darauf eingestellt sein, dass der Bus plötzlich und – aus welchen Gründen auch immer – unerwartet bremst. Stürzt der Fahrgast dennoch, ist in der Regel von seinem kompletten Eigenverschulden auszugehen. Ein Mitverschulden des Busfahrers kann nach ständiger Rechtsprechung nur unter ganz besonderen Umständen angenommen werden. Das wäre etwa dann der Fall, wenn im ländlichen Busverkehr eine »schwer bepackte« ältere Dame den Bus besteigt und sich nicht sofort hinsetzt, weil sie sich in der irrigen Annahme befindet, der Fahrer würde noch einen Augenblick warten. Fällt sie dann hin, weil der Bus abrupt anfährt, käme nur unter diesen besonderen Umständen eine Mitschuld von maximal fünfundzwanzig Prozent für den Busfahrer in Betracht. Im städtischen Verkehr aber muss ein Busfahrer sich nicht vergewissern, ob ein Fahrgast, auch wenn es sich um eine erkennbar ältere Person handelt, einen Sitzplatz oder einen sonstigen Halt gefunden hat, bevor er anfährt oder bremst. Es besteht schon gar keine Verpflichtung, einen Fahrgast zu einem Platz zu geleiten.«

Raue Sitten. Wie gesagt: Halten Sie sich bitte fest. Immer.

Amtsgericht Frankfurt — Aktenzeichen: 30 C 3480/06

Landgericht Offenburg — Aktenzeichen: 3 0 332/0

1,66 Promille im Sitz

Warum auch betrunkene Rollstuhlfahrer büßen müssen

Bei manchen Urteilen weiß man nicht, ob man lachen oder doch lieber weinen soll. Es sind diese tragisch-komischen Geschichten, die garantiert nur streng gesetzestreue Juristen zustande bringen. Eine davon hat sich neulich in der sächsischen Kleinstadt Löbau zugetragen. Dort traf abends gegen 23 Uhr die örtliche Polizeistreife auf einen dreißigjährigen Rollstuhlfahrer, der mit seinem elektrischen Fortbewegungsmittel offensichtlich beschwingt über den Bürgersteig fuhr und vor sich hin sang. Vom Gesang irritiert, hielten die Beamten den Mann an und fragten nach seinen Papieren. Als er die nicht vorzeigen konnte, aber weiter ununterbrochen sang und die Beamten angrinste, ordneten die Polizisten in ihrer Not eine Alkoholkontrolle an – mit erstaunlichem Ergebnis: Der Rollstuhlfahrer hatte 1,66 Promille im Blut.

Was tun? Die Beamten brachten den betrunkenen Mann nach Hause, erstatteten vorsorglich Anzeige wegen Trunkenheit im Straßenverkehr und legten den elektronischen Rollstuhl vorübergehend still.

Und das auch zu Recht – wie jetzt das Amtsgericht Löbau feststellte. Zunächst erklärte das Gericht dem Behinderten, dass auch ein Rollstuhl ein »Fahrzeug« im Sinne des Strafrechts sei und daher die allgemeinen Vorschriften Anwendung fänden – trotz einer zulässigen Höchstgeschwindigkeit von nur sechs Kilometern pro Stunde. Die weitaus schwierigere Frage lautete aber, welche Promillewerte für betrunkene Rollstuhlfahrer gelten sollten. Den für Autofahrer verbindlichen Grenzwert von 1,1 Promille wollte das Gericht nicht anwenden, »da von einem Auto eindeutig mehr Gefahren ausgehen als von einem Rollstuhl«. Und nun war guter Rat teuer, denn in der langen deutschen Rechtsgeschichte hatte sich tatsächlich noch nie ein Rollstuhlfahrer wegen Trunkenheit im Straßenverkehr vor Gericht verantworten müssen.

Das Amtsgericht fand dennoch den Königsweg: Rollstuhlfahrer seien nämlich vergleichbar mit Fahrradfahrern! Und für die gelten seit Jahrzehnten 1,6 Promille als Grenzwert zur sogenannten »absoluten Fahruntüchtigkeit«. Und da der Angeklagte 1,66 Promille hatte, sprach das Gericht eine Freiheitsstrafe von drei Monaten auf Bewährung aus. Und als sei das nicht genug, entzog der Richter dem Mann dann auch noch für drei Monate die Fahrerlaubnis für den elektronischen Rollstuhl. Er habe nämlich immer noch die Möglichkeit, in seinem handbetriebenen Rollstuhl, mit dem er vor Gericht erschienen war, die täglichen Fahrten zu erledigen.

Wie gesagt: Gesetzestreue kann manchmal tragisch und komisch zugleich sein.

Amtsgericht Löbau — Aktenzeichen: 430 Js 17736/06

Armer Hund!

Eine Duisburger Amtsrichterin schreibt Rechtsgeschichte

Sie sind sehr selten, aber es gibt sie: Gerichtsurteile, bei denen selbst dem gänzlich unbeteiligten Beobachter das Herz aufgeht. Vor dem Amtsgericht (AG) in Duisburg stand neulich ein solcher Fall zur Entscheidung: Ein Hundebesitzer hatte seinen verletzten Labrador mit Namen Nero aufgeregt zum Tierarzt gebracht und um Entfernung einer Glasscherbe aus der Pfote des Tieres gebeten. Der Arzt operierte daraufhin die Scherbe heraus und versorgte das Tier auch im Übrigen fachgerecht. Als er dann dem Besitzer den Hund zurückgeben wollte, erklärte Neros Herrchen, er könne leider die Rechnung nicht zahlen. Der erboste Tierarzt verweigerte daraufhin die Herausgabe des Labradors und berief sich auf das Bürgerliche Gesetzbuch, das ihm in solchen Fällen angeblich ein sogenanntes »Zurückbehaltungsrecht« gewähre.

Hierzu muss man wissen, dass ein solches Recht tatsächlich existiert, bislang von deutschen Gerichten aber nur für »Sachen« im klassischen Sinne angewandt wurde. Wer also etwa sein Auto in die Werkstatt bringt, bei der späteren Abholung aber die Rechnung nicht zahlen kann, darf sich nicht wundern, wenn der Werkstattinhaber – sofern es sich nicht lediglich um einen Bagatellbetrag handelt – den Wagen vorläufig einbehält. Solange die Reparatur nicht bezahlt ist, ist er dazu durchaus berechtigt. Problem: Gilt das auch bei Tieren? Diese sind nach Paragraf 90a des BGB zwar keine »Sachen« im Rechtssinne, sollen aber nach dem Willen des Gesetzgebers dennoch wie solche behandelt werden.

Irrtum! Die zuständige Richterin am AG Duisburg bewies ein echtes Herz für Tiere und schrieb ganz nebenbei mit ihrem Urteil ein Stück deutsche Rechtsgeschichte. Sie verurteilte den Tierarzt nämlich zur Herausgabe des Hundes – mit überraschender Begründung. Wörtlich heißt es im Urteil: »Der Mensch hat aus Verantwortung für das Tier als Mitgeschöpf dessen Leben und Wohlbefinden zu schützen. Eine ›sachenrechtliche‹ Beurteilung des Hundes nach dem BGB wird dieser Anforderung nicht gerecht. Es ist allgemein anerkannt, dass Hunde auf die Person des Halters fixiert sind. Die sprichwörtliche Anhänglichkeit und Treue von Hunden findet darin ihren Ausdruck. Wenn ein Hund nicht dauerhaft bei seinem Halter ist, kann es durch fremde Beeinflussung zu kaum reparablen Schäden im Charakter des Hundes kommen. Der Tierarzt durfte das Tier zur Durchsetzung seiner Honorarforderung daher nicht einbehalten.«

Amtsgericht Duisburg — Aktenzeichen: 77 C 1709/08

Ein unmoralisches Angebot

Wenn die eigene Frau heimlich als Prostituierte arbeitet

Richter sind, so will es das Grundgesetz, in unserem Land an »Recht und Gesetz« gebunden. Emotionen oder gar Mitleid mit einer der streitenden Parteien bleiben unter diesen strengen Vorgaben naturgemäß auf der Strecke. Jedenfalls meistens.

Die Richter am Oberlandesgericht in Bremen outeten sich vor Kurzem in einem ziemlich heiklen Fall als Gefühlsmenschen und schlugen sich auf die Seite eines »gehörnten« Ehemannes: Besagter Mann war ausnahmsweise mal krank, ging nicht zur Arbeit, dafür aber morgens ahnungslos zum Briefkasten, um die Post zu sichten. Dabei entdeckte er eine Rechnung für eine von seiner Frau geschaltete Anzeige in einem ihm unbekannten Magazin. Neugierig ließ er sich ein Exemplar des Magazins zusenden – und traute anschließend seinen Augen nicht: Mit einem anzüglichen Bild bot sich seine Frau als Prostituierte in einer anderen Stadt an, und zwar schon seit über einem Jahr. Ihre regelmäßige und zum Teil auch längere Abwesenheit hatte sie ihrem Mann in der Vergangenheit allerdings mit einer Stelle als Kindermädchen in einem einhundert Kilometer entfernten Ort erklärt.

Der Ehemann stellte umgehend den Scheidungsantrag. Sein Problem: Im deutschen Scheidungsrecht ist das Verschuldensprinzip schon seit 1977 abgeschafft. Demnach hätte der Mann nun eigentlich auch für die Zeit, in der seine Frau professionell die Ehe brach, einen Versorgungsausgleich leisten, also die Rentenansprüche angleichen müssen.

Das OLG Bremen aber hatte Mitleid. Er wäre, so die Richter, im vorliegenden Fall »grob unbillig«, dem gehörnten Ehemann den gesetzlich gebotenen Versorgungsausgleich zuzumuten. Die Frau habe die eheliche Treuepflicht in besonders kränkender Weise verletzt, zumal ihre Anzeige auch mit einem Bild öffentlich gemacht wurde. Dieses Fehlverhalten sei so schwerwiegend, dass ein Wertausgleich der Versorgungsbezüge nicht erfolgen könne. Wörtlich: »Jedenfalls für die Zeit der Prostitution erhält sie daher keine Leistungen.«

Das OLG hob damit übrigens das Urteil der Vorinstanz auf. Das Amtsgericht Bremen hatte der Frau allen Ernstes den Versorgungsausgleich vollumfänglich zugesprochen. Begründung: Die eheliche Gemeinschaft sei wegen der dauernden Abwesenheit der Frau sowieso schon aufgelöst gewesen. Und unter diesen Umständen könne ihr Verhalten auch nicht mehr als »besondere Belastung« des Ehemanns bzw. der Ehe gewertet werden.

Richter mit Einfühlungsvermögen gibt's in Bremen offenbar erst in der zweiten Instanz.

Oberlandesgericht Bremen — Aktenzeichen: 4 UF 30/09

Du kommst hier nicht rein!

Warum man den Vermieter aussperren darf

Es muss nicht immer der Bundesgerichtshof sein. Manchmal lösen auch kleinere Gerichte größere Probleme. So nämlich zum Beispiel das Amtsgericht im schönen Coesfeld bei Münster. Folgende, bis vor Kurzem gerichtlich nicht eindeutig geklärte Frage war zu beantworten: Kann ein Vermieter von seinem Mieter jederzeit verlangen, die vermietete Wohnung betreten zu dürfen?

Die durchaus erstaunliche Antwort lautet: Nein, kann er nicht! Der Fall: Ein Vermieter hatte in den Mietvertrag folgenden Passus aufgenommen: »Der Vermieter kann die Mieträume nach rechtzeitiger Ankündigung besichtigen, sei es zur Prüfung des Zustandes oder aus anderen wichtigen Gründen.«

Unter Berufung auf eine angeblich notwendige »regelmäßige Überprüfung des Wohnungszustandes« besichtigte der Vermieter die Wohnung anschließend innerhalb von einem Jahr gleich fünf Mal, bis es dem Mieter irgendwann zu bunt wurde: Er verweigerte jeden weiteren Zutritt, weil er sich die schikanösen Auftritte des Vermieters nicht mehr bieten lassen wollte. Als der Vermieter daraufhin vor Gericht zog, kam die überraschende Wende. Das AG Coesfeld entschied: Die im Mietvertrag verwendete Klausel ist unwirksam und verpflichtet den Mieter somit zu gar nichts. Grundsätzlich stehe nämlich die in der Verfassung garantierte Unverletzlichkeit der Wohnung über dem Eigentumsinteresse des Vermieters. Mit dem Abschluss des Mietvertrages, so das Gericht, habe man als Mieter ein Recht auf ungestörten Besitz an der Wohnung erworben – und dieses Recht gelte selbstverständlich auch gegenüber dem Vermieter. Nur in besonderen Ausnahmefällen müsse man daher den Zutritt des Vermieters – und dann auch nur nach vorheriger, rechtzeitiger Ankündigung! – dulden.

Und wörtlich: »Die verwendete Klausel, die theoretisch ein jederzeitiges Besichtigungsrecht des Vermieters ermöglicht, ist unwirksam und begründet keine Verpflichtung zulasten des Mieters, weil sie den Mieter unangemessen benachteiligt. Ohne einen besonderen Grund und eine entsprechend wirksame Vereinbarung steht dem Vermieter grundsätzlich kein Recht zur Wohnungsbesichtigung zu. Es kann und muss ausreichen, dem Vermieter nur dann ein Zutrittsrecht zur Wohnung zu gewähren, wenn er einen besonderen Anlass zu der Sorge hat, dass mit den Wohnräumen rechtswidrig und in erheblich schädigender Weise verfahren wird und die Besichtigung der Wohnung als Vorbereitung entsprechender Gegenmaßnahmen erforderlich erscheint. Im Übrigen wiegt das Recht des Mieters auf Schutz seiner Privatsphäre schwerer.«

Fazit: Klauseln, in denen Vermieter sich grundsätzliche und unbeschränkte »Besichtigungsrechte« zur Überprüfung des

Wohnungszustandes oder aus anderen Gründen gewähren lassen, sind mit äußerster Vorsicht zu genießen und im Zweifel nicht wirksam. Im Falle dieser unwirksamen Klauseln (oder wenn eine entsprechende Klausel im Vertrag fehlt) steht dem Vermieter dann nur unter ganz besonderen, nachvollziehbaren Umständen ein Zutrittsrecht zur Wohnung zu. Hierfür in Betracht kommen – wie vom AG Coesfeld festgestellt – zum einen der begründete Verdacht einer rechtswidrigen Beschädigung der Wohnung durch den Mieter, des Weiteren die Durchführung von zwingenden Wartungs- und Reparaturarbeiten an der Wohnung durch den Vermieter und schließlich auch eine Besichtigung der Wohnräume durch potenzielle Nachmieter. Diese Eingriffe muss man als Mieter – auch im eigenen Interesse – dulden. Ansonsten aber bleibt es dabei: Der Vermieter hat in der Wohnung des Mieters nichts verloren, ein generelles Zutrittsrecht besteht nicht.

Amtsgericht Coesfeld — Aktenzeichen: 6 C 83/08

Der ganz normale Wahnsinn

Wenn die eigene Gewerkschaft zum Fallstrick wird

Wer Mitglied in einer Gewerkschaft ist, genießt diverse Vorteile: Die ausgehandelten Tarifverträge gelten unmittelbar, im Falle eines Streiks kommt aus der Streikkasse das fehlende Gehalt – und natürlich nicht zu vergessen: der gewerkschaftliche Rechtsschutz. Im Falle eines Falles steht die Gewerkschaft mit fachkundigen Juristen zur Seite und vertritt ihre Mitglieder kostenlos und kompetent. Meistens jedenfalls.

Das Bundesarbeitsgericht hatte kürzlich einen Fall zu entscheiden, in dem ein Arbeitnehmer sich auf diesen Rechtsschutz verließ – und deshalb seinen Job verlor. Folgendes war passiert: Nachdem er die Kündigung von seinem Arbeitgeber erhalten hatte, wandte sich der Arbeitnehmer einen Tag später an die Gewerkschaft mit der Bitte, innerhalb der vom Gesetz vorgeschriebenen Dreiwochenfrist gegen die Kündigung Klage vor dem Arbeitsgericht zu erheben. Der Arbeitnehmer hielt die Kündigung für unwirksam. Auf der Geschäftsstelle der Gewerkschaft geriet das Anliegen des Arbeitnehmers aus organisatorischen Mängeln aber leider in die falsche Schublade und wurde erst gut zwei Monate später wieder gefunden. Die daraufhin eilig erhobene Klage durch die Gewerkschaftsjuristen wies das BAG nun in letzter Instanz als verspätet ab. Und zwar mit aus Sicht des Arbeitnehmers ziemlich tragischer Begründung:

Zwar gestatte das Kündigungsschutzgesetz beim Versäumen der Dreiwochenfrist grundsätzlich auch die nachträgliche Zulassung der Klage, nämlich dann, wenn der Arbeitnehmer alles ihm Mögliche getan und somit unverschuldet diese Frist für die Klageerhebung überschritten habe (in diesem Falle ordnet das Gesetz eine nachträgliche Zulassung der Klage an). Davon aber könne hier nicht die Rede sein: Der Arbeitnehmer habe zwar fraglos alles aus seiner Sicht Erforderliche getan – und ihn selbst treffe tatsächlich in diesem Sinne auch kein Verschulden an der Verspätung. Allerdings müsse er sich das Fehlverhalten seiner Gewerkschaft wie eigenes Verschulden zurechnen lassen. Schließlich habe der Arbeitnehmer die Gewerkschaft mit der Wahrung seiner Interessen beauftragt, und daher müsse er für deren Fehler eben auch einstehen. Insoweit gelten die gleichen Regeln wie für Versäumnisse eines beauftragten Rechtsanwalts.

Die fatale Konsequenz: Wegen des Fehlers der Gewerkschaft gilt die Kündigung, ohne jede inhaltliche Prüfung, als von Anfang an wirksam. Der Arbeitnehmer ist entlassen. Ohne eigenes Verschulden – und »dank« seiner Gewerkschaft.

Bundesarbeitsgericht — Aktenzeichen: 2 AZR 548/08

Verklickt nach Costa Rica

Von den Tücken der Internetbuchung

Viele Menschen buchen ihren Urlaub inzwischen über das Internet. Und falls Sie das so machen wie ich, nämlich gleich die ganze Reise über das Netz abwickeln, muss ich Sie warnen: »Verklicken« Sie sich bei der Buchung bloß nicht! Ansonsten ergeht es Ihnen nämlich unter Umständen wie einem bemitleidenswerten Familienvater aus München: Der hatte für sich und seine vierköpfige Familie im Internet einen Flug nach San Jose gebucht. Sein Problem: San Jose ist nicht nur eine wunderschöne Stadt am Rande des Silicon Valley in Kalifornien (USA), den gleichen Namen trägt auch die Hauptstadt von Costa Rica (Mittelamerika). Der Vater war zwar bei der Buchung auf der Internetseite des Reiseveranstalters ausdrücklich auf diese Alternativen hingewiesen worden, hatte sich dann aber aus Versehen »verklickt« und Costa Rica gebucht. Da bei der kurz darauf geschickten Buchungsbestätigung nur noch ein Kürzel (»Flug SJO – Mittel/Südame.«) verwendet wurde, bemerkte der Mann den Irrtum erst Wochen später – und zwar beim Einchecken! Kein Scherz.

In seiner Not buchte er kurzerhand vier Ersatzflüge nach Kalifornien und verklagte anschließend den Internetreisedienst wegen Verletzung von Aufklärungspflichten auf Rückzahlung und Schadensersatz. Sein Argument: Man hätte ihm bei den digitalen Reiseunterlagen das Reiseziel nochmals mit ausführlicher Landeskennung nennen und ihn vor allem besser informieren müssen.

Irrtum! Zur allgemeinen Überraschung wies das Landgericht in München die Klage ab. Und hierbei stellten die Richter einige bemerkenswerte Regeln für die Buchung von Reisen bzw. Flügen im Internet auf. Wörtlich heißt es: »Bei der Buchung von Reisen im Internet ist eben gerade keine Beratung geschuldet und kann demzufolge auch nicht erwartet werden. Zu den Risiken einer solchen Buchung gehört, dass sich der Kunde ›verklickt‹. Dies kann aber nicht zulasten des Internetanbieters gewertet werden, sofern er entsprechende Vorsorge getroffen hat. Hier hatte die Reisegesellschaft auf die unterschiedlichen Ziele aufmerksam gemacht. Das spätere Nutzen von Kürzeln ist durchaus üblich. Das sorgfältige und »fehlerfreie« Buchen fällt bei der Nutzung des Internets in den alleinigen Verantwortungsbereich des Kunden.«

Fazit: Vorsicht bei der Reisebuchung im Internet! Wer sich »verklickt«, steht im Zweifel für seine irrtümliche Erklärung vollumfänglich ein. Und da die Reisebuchung im Internet nicht unter die Regelungen des »Fernabsatzvertrages« mit pauschaler zweiwöchigen Widerrufsfrist fällt, stehen Sie als Kunde beim »Verklicken« rechtlich betrachtet ziemlich im Regen.

Wenn Sie Ihren Irrtum – anders als der tragische Vater – noch deutlich vor dem Einchecken bemerken, gibt es Möglichkeiten zur Schadensbegrenzung: Zum einen bieten viele Veranstalter in ihren Geschäftsbedingungen eine nach Wochen gestaffelte Stornierungsregelung an. Da bekommen Sie zwar nicht das ganze Geld zurück, aber zumeist einen beachtlichen Teil. Zum anderen können Sie Ihre irrtümliche Erklärung unter Umständen »anfechten« und damit sogar den ganzen Vertrag annullieren. Problem: In diesem Falle müssen Sie zum einen nachweisen, dass Sie sich tatsächlich geirrt haben und eigentlich etwas ganz anderes wollten. Zum anderen muss diese Anfechtungserklärung »unverzüglich«, nachdem Sie Ihren Irrtum bemerkt haben, gegenüber dem Veranstalter erfolgen. Auch insoweit tragen Sie die Beweislast, was vor Gericht häufig zur Klageabweisung führt. Schließlich müssen Sie auch bei erfolgreicher Anfechtung einen möglichen Schaden des Veranstalters durch die Fehlbuchung begleichen.

Zum Schluss noch ein praktischer Rat: Viele Menschen können von Papier besser lesen als vom Bildschirm. Drucken Sie sich, wenn Sie unsicher sind, einfach die aktuelle Buchungsseite aus, bevor Sie auf »verbindliche Buchung« klicken und damit den Vertrag schließen. Sie können dann in Ruhe noch mal die Bedingungen durchsehen und mögliche Fehler oder Irrtümer vermeiden.

Landgericht München — Aktenzeichen: 34 O 1300/08

Waschen – Legen – Klagen!

Ein Haarschnitt als »Gesundheitsbeschädigung«

Auf solche Urteile hat die Frauenwelt gewartet – und vermutlich nicht nur die: Das Amtsgericht in Erkelenz (Kreis Heinsberg, in der Nähe von Aachen) hat einen Friseur zu umfangreichem Schadensersatz verurteilt. Sein Vergehen: eine fehlerhafte Blondierung.

Die betroffene Kundin suchte vor einigen Wochen ihren Friseur auf und wollte sich für den Sommer ein paar blonde Strähnchen ins Haar machen lassen. Als sie den Friseursalon zwei Stunden später ahnungslos wieder verließ und sich zu Hause stolz und erwartungsfroh ihrem Freund zeigte, traute der seinen Augen nicht. Am Hinterkopf waren die Haare teilweise abgebrannt, einige abgebrochen und verfilzt, und beim Nachkämmen fielen weitere Haare aus. Der daraufhin zur Rede gestellte Friseur mochte das nicht glauben und meinte, das könne unmöglich sein, diese Schäden habe die Kundin sich zu Hause vermutlich selbst zugefügt. Und im Übrigen habe er auch gerade keine Zeit, sich das Ganze noch mal anzusehen.

Dumm gelaufen. Denn die Kundin wusste sich zu helfen: Sie ließ ihre Haare von einem sachverständigen Friseurmeister untersuchen, ging mit den Kosten für die schriftliche Begutachtung in Vorkasse und klagte anschließend vor dem AG Erkelenz auf Schadensersatz und Schmerzensgeld.

Und zwar zu Recht. Das AG Erkelenz – übrigens besetzt mit einer offenbar sachkundigen Richterin – kam zu interessanten Einsichten. Die fehlerhafte und offensichtlich nicht fachgerechte Blondierung mit den im Gutachten bestätigten Mängeln stelle im Sinne des Bürgerlichen Gesetzbuches eine »schuldhafte und rechtswidrige Gesundheitsbeschädigung« an der Kundin dar. Und eine solche Gesundheitsbeschädigung ziehe umfangreiche Ersatzpflichten nach sich, meinte die Richterin: Der Friseur solle nicht nur den Preis für den Friseurbesuch (60 Euro) zurückerstatten, sondern auch die Gutachterkosten in Höhe von 300 Euro, eine Unkostenpauschale von 25 Euro, die Anwaltskosten sowie ein Schmerzensgeld in Höhe von 1000 Euro an die Kundin zahlen. Den Aussagen des Friseurs, die Kundin habe die Beschädigung der Haare nach der Behandlung zu Hause selbst verursacht, schenkte die Richterin ebenso wenig Glauben wie der Behauptung, die Kundin sei über die möglichen Risiken der Blondierung mit dem Hinweis auf das Benutzen einer speziellen Kur ausreichend belehrt worden. Eine solche Belehrung müsse deutlich umfangreicher sein und – ähnlich wie vor einer ärztlichen Operation – auf alle möglichen Risiken hinweisen (Amtsgericht Erkelenz – Aktenzeichen: 8 C 351/08).

Übrigens: Auch andere Gerichte haben sich in der Vergangenheit schon mit Friseurhaftungsfällen beschäftigt: So sprach zum Beispiel das Amtsgericht Köln vor einigen Jahren einer

Kundin Schmerzensgeld zu, weil ihr bei einer Dauerwellenbehandlung büschelweise Haare ausgefallen waren und dies zu einer spürbaren psychischen Beeinträchtigung führte (Amtsgericht Köln – Aktenzeichen: 141 C 5/01). Ziemlich übel erging es schließlich einer Dame aus Aachen, die nach dem Friseurbesuch sogar mit einer Glatze nach Hause gehen musste. Sie wollte sich eigentlich die Haare färben und anschließend eine Dauerwelle und eine Haarverlängerung machen lassen. Während der Behandlung brachen dann sämtliche Haare an der Wurzel ab. Das Oberlandesgericht (OLG) Köln urteilte, die von der Friseurin vorgenommene Behandlung sei offensichtlich nicht fachgerecht gewesen. Sie hätte insbesondere keine Haarverlängerung durchführen dürfen, da die Haare der Kundin durch das Färben und die Dauerwelle bereits vorgeschädigt waren. Die bedauernswerte Kundin, die anschließend über einen längeren Zeitraum eine Perücke tragen musste, bekam freilich ein für das erlittene Seelenleid vergleichsweise geringes Schmerzensgeld in Höhe von 1500 Euro zugesprochen.

Oberlandesgericht Köln — Aktenzeichen: 19 U 62/99

007 lässt grüßen

Wenn Beamte gerne Geheimagenten wären

Drum prüfe, wer sich ewig bindet! Was Friedrich Schiller vor zweihundert Jahren in seiner *Glocke* als wohlgemeinten Rat verstanden wissen wollte, hat das Ausländeramt der Stadt Hamburg allzu wörtlich genommen und dabei die Grenzen des guten Geschmacks deutlich überschritten.

Folgendes hatte sich zugetragen: Die Behörde zweifelte an der im Jahre 1999 geschlossenen Ehe einer bosnischen Frau. Sie war während des Kosovokrieges als Flüchtling eingereist, hatte nach Ablauf der Aufenthaltsgenehmigung einen deutschen Mann geheiratet und daher anschließend eine weitere Aufenthaltserlaubnis erhalten. Bei der in solchen Verdachtsfällen üblichen Vernehmung der Ehegatten ereignete sich dann höchst Sonderbares: Der Ehemann konnte nämlich nach dreijähriger Ehezeit den Hochzeitstermin nur mit »irgendwann im Herbst 1999« angeben, wusste die Telefonnummer der gemeinsamen Wohnung nicht und gab das Geburtsdatum seiner Frau gänzlich falsch an. Schließlich konnte er wegen angeblicher Farbenblindheit auch nicht das Muster oder die Farbe des aktuell benutzten Bettzeugs angeben.

Die Behörde sah sich angesichts dieser Vorstellung eindeutig auf den Arm genommen und wollte die Frau ausweisen. Um die Ausweisungsverfügung absolut wasserdicht und gerichtsfest zu machen, mussten freilich noch weitere Beweise her. Dummerweise vergriffen sich die offenbar überforderten Beamten allerdings in den Methoden: Offenbar inspiriert von James Bond, ließen sie einige Tage später im Hauseingang der gemeinsamen Wohnung heimlich eine Videokamera sowie einen Bewegungsmelder im Türrahmen installieren. Ein beauftragter Detektiv näherte sich parallel dazu unter einem Decknamen einem Angehörigen des Mannes, gelangte so an dessen Mobilfunknummer, die daraufhin – ebenso wie dessen Fahrzeug – eine Woche lang überwacht wurde.

Die einen Monat später gegen die Frau ergangene Ausweisungsverfügung der Behörde hob das Oberverwaltungsgericht Hamburg wieder auf. Und zwar mit bemerkenswerter Begründung: Zum einen genügten den Richtern die Erinnerungslücken des Ehemannes bei der Vernehmung für sich betrachtet nicht. Zwar hätten die anschließenden Maßnahmen diesen Verdacht massiv erhärtet, jedoch seien die Erkenntnisse nicht verwertbar. Denn sämtliche Observierungsmaßnahmen verletzten das Persönlichkeitsrecht der Betroffenen und entbehrten im Übrigen einer gesetzlichen Grundlage. Wörtlich: »Kann die Behörde den angestrebten Beweis der Scheinehe nicht mit den gesetzlich zulässigen Mitteln führen, hat sie die aus ihrer Sicht nachteiligen Folgen zu tragen.« Die Frau durfte bleiben. Auch die Behörden müssen sich an Regeln halten.

Oberverwaltungsgericht Hamburg — Aktenzeichen: Az. 3 Bs 396/05

Mekka ist kein Kündigungsgrund

Vom Versuch der Stadt Köln, eine Muslima zu entlassen

Ich gestehe, diese Geschichte tut weh, denn sie betrifft meine geliebte Heimatstadt und wirft leider kein gutes Licht auf die »schönste Stadt Deutschlands«, wie sie zumindest vom Stadionsprecher des 1. FC Köln vor jedem Heimspiel den Fans der Gastmannschaft angepriesen wird. Weglassen ging trotzdem nicht, der Fall ist einfach zu skurril, um ihn vorzuenthalten.

Köln gibt sich bekanntermaßen wie kaum eine andere Stadt in Deutschland weltoffen und »multikulti« – und überhaupt tun die Stadtväter tatsächlich vieles dafür, dass Menschen sämtlicher Kulturen sich rund um den Dom wohlfühlen können. Jedenfalls meistens. Eher merkwürdig kommt angesichts dessen die folgende Geschichte daher, die sich jüngst vor dem Kölner Arbeitsgericht abspielte: Die Mutter eines schwerstbehinderten Kindes arbeitete seit 1997 bei der Stadt Köln in Teilzeit als Begleiterin von Schulbussen für behinderte Kinder. Im August 2007 wandte sich die praktizierende Muslima an die Stadtverwaltung und bat um Urlaub für die Zeit vom 3. bis 19. Dezember. Der Grund: Sie wollte in dieser Zeit die für jeden Muslim obligatorische Hadsch, die große Pilgerfahrt nach Mekka, antreten. Als die Stadt sich weigerte und die Frau auf die Schulferien und ein angebliches Problem bei der Beschaffung von Ersatzkräften für den Dezember verwies, erklärte sie ihr Dilemma: Eine Pilgerfahrt nach Mekka gehöre zu den fünf Geboten eines jeden Muslim und sei leider nicht frei planbar. Nach muslimischem Glauben muss die Reise nämlich zwei Monate nach Ende der Fastenzeit stattfinden. Und da sich das Datum der Fastenzeit jedes Jahr im Kalender nur um zehn Tage nach vorne verschiebt, sei unter diesen Umständen eine Pilgerfahrt nach Mekka frühestens in dreizehn Jahren möglich, da die Reisezeit erst dann in die Sommerferien falle. Dann aber sei ihre Mutter, die als einzige Betreuungsperson für ihr behindertes Kind infrage komme, bereits siebenundachtzig Jahre alt und der Belastung vermutlich nicht mehr gewachsen. Außerdem sei sie selbst dann schon vierundsechzig Jahre alt und wisse nicht, ob sie die Strapaze der Pilgerreise noch auf sich nehmen könne. Als gläubige und praktizierende Muslima sei diese (einmalige) Reise aber von immenser Bedeutung für sie.

Die Stadt kannte dennoch keine Gnade und verweigerte die Urlaubsgewährung. In ihrer Not entschied die Frau sich dann für ihren Glauben und fuhr im Dezember – ohne Genehmigung – nach Mekka. Als sie zurückkam, lag die fristlose Kündigung im Briefkasten. Die Stadt wollte das Arbeitsverhältnis auflösen und meinte, das Fernbleiben der Arbeit rechtfertige diese Maßnahme.

Weit gefehlt. Das Arbeitsgericht Köln hob die Kündigung auf und gab der Stadt den offenbar notwendigen Nachhilfeunterricht in Sachen sozialer Kompetenz. Zwar dürfe grundsätzlich kein Arbeitnehmer ohne Genehmigung Urlaub machen und müsse ansonsten eben mit der Kündigung rechnen, im vorliegenden Fall sei dies aber anders zu bewerten: Die Frau habe sich wegen der religiösen Pilgerreise und der nötigen Betreuung ihres behinderten Kindes in einem nachvollziehbar schweren Glaubens- und Gewissenskonflikt befunden, der der Stadt von Anfang an – und zwar vier Monate vor Antritt der geplanten Reise – bekannt war. Sich unter diesen Umständen darauf zu berufen, die Beschaffung von Ersatz für eine geringfügig Teilzeitbeschäftigte sei problematisch, mute äußerst merkwürdig an. Und dann wörtlich: »Nur ergänzend sei die Beklagte (Stadt Köln) darauf hingewiesen, dass sie sich insoweit dem Verdacht ausgesetzt sehen könnte, nichts Hinreichendes zu unternehmen, um eine Benachteiligung ihrer Arbeitnehmerin wegen der Religion zu verhindern.«

Selbst diese Ansage reichte der Stadt aber noch nicht. Sie legte zur Durchsetzung der Kündigung Berufung beim Landesarbeitsgericht ein. Dort ist das Verfahren schließlich zu Ende gegangen. Auf Anraten des Gerichtes lenkten die Vertreter der Stadt doch noch freiwillig ein. Die Frau durfte bleiben. Das versöhnliche Ende eines für die Stadt Köln wenig schmeichelhaften Prozesses.

Arbeitsgericht Köln — Aktenzeichen: 17 Ca 51/08

Landesarbeitsgericht Köln — Aktenzeichen: 6 Sa 1398/08

Wenn der Fakir spricht

Kurdische Stammessitte trifft deutsche Rechtsprechung

Ein wahres Glanzstück in Sachen kultureller Vielfalt vor deutschen Gerichten spielte sich vor Kurzem vor dem Oberlandesgericht in Celle ab. Dazu auch noch schön spektakuläre Umstände, nämlich ein erbitterter Kampf um »Brautgeld« im Umfeld von verfeindeten kurdischen Familien, also alles, was man für ein lesenswertes Gerichtsverfahren braucht.

Und das kam so: Zwei Familien aus der kurdischen Glaubensgemeinschaft der Yeziden hatten als Brautgeld die Zahlung von 45.000 Euro ausgehandelt. Dafür sollte der zweiunddreißigjährige Sohn der einen Familie die siebzehnjährige Tochter der anderen Familie heiraten dürfen. Das Geld zahlte der Vater des Sohnes in Erwartung der Hochzeit an den Onkel der Braut, mit dem er auch die Verhandlungen über die Höhe der Summe geführt hatte. Aus ungeklärten Gründen kam es später dann aber nicht zur Vermählung. Und so verklagte der Vater des Fast-Bräutigams den Onkel der Braut auf Rückzahlung der 45.000 Euro. Schließlich sollte das Geld ja nur für den Fall der Eheschließung gezahlt werden. Was rechtlich zunächst simpel klingt, wurde zum Problem, weil der Onkel sich vor Gericht darauf berief, dass nach dem Brauchtum kurdischer Yeziden das Brautgeld ausschließlich für den Vater der Braut gedacht sei. Er habe die 45.000 Euro deshalb auch nur als Stellvertreter seines Bruders entgegengenommen und an diesen direkt weitergeleitet. Die Klage gegen ihn als Überbringer des Geldes sei somit unbegründet.

Offensichtlich bereit und fähig, sich in fremde Kulturkreise zu versetzen, gingen die Richter bei der Urteilsfindung dann erstaunliche Wege: Zwar sei das yezidische Brautgeld nach deutschem Recht sittenwidrig und damit zu Unrecht gezahlt worden, im Hinblick auf die Rückzahlung komme es aber nicht darauf an, wer für den Familienclan der Braut die Verhandlungen geführt und letztlich das Geld angenommen habe. Zur Rückzahlung verpflichtet sei nur derjenige, für den das Brautgeld nach yezidischer Sitte tatsächlich gedacht gewesen sei, also der Vater der Braut. Und dann heißt es wörtlich im Urteil: »Dies hat insbesondere der vom Gericht als Zeuge vernommene Fakir als yezidischer Geistlicher bekundet. Der bei der Geldübergabe anwesende Fakir hat ausgesagt, dass auch aus seiner Sicht das Geld nur für den Vater der Braut gedacht war, auch wenn es im konkreten Fall dessen Bruder in Empfang nahm.«

Mit dieser Begründung wies das Gericht die Klage gegen den Onkel der Braut ab. So ist das – wenn der Fakir spricht. Da soll noch mal einer sagen, fremde Kulturen fänden vor deutschen Gerichten kein Gehör.

Oberlandesgericht Celle — Aktenzeichen: 7 U 54/07

Mit dem Bestatter per Du

Warum man Leichen im Keller dulden muss

Die Qualität einer Rechtsordnung zeigt sich unter anderem daran, wie sie mit gesellschaftlichen Tabus umgeht. Zum Beispiel dem Tod oder noch genauer: den Toten. So musste das Amtsgericht in Stuttgart dieser Tage über folgenden, ziemlich makabren Fall entscheiden: Ein Mieter hatte sich beschwert, und zwar im wahrsten Sinne des Wortes über Leichen im Keller des von ihm bewohnten Hauses. Der Hauseigentümer hatte das ursprünglich an eine Sparkasse vermietete Erdgeschoss nach Auszug des Kreditinstituts an ein Bestattungsunternehmen vermietet. Die logischen Folgen: Regelmäßiger Transport von Leichen in das Haus und aus dem Haus, Lagerung von Toten im Kühlkeller, Trauerfeiern in den Geschäftsräumen und ein großflächiges Werbeschild vorne an der Hauswand.

Das war für den Mieter der ersten Etage eindeutig zu viel. Er forderte den Vermieter auf, dem Bestattungsunternehmer entweder zu kündigen oder jedenfalls die Aufbewahrung von Leichen im Hause zu untersagen. Als der sich beharrlich weigerte, erklärte der Mieter anschließend, unter diesen Umständen werde er zukünftig nur noch die Hälfte seiner Miete zahlen. Schließlich sei er täglich mit Leichen konfrontiert, und das auch noch direkt unter seiner Wohnung. Tote im Haus oder Keller seien einem Mieter aber selbstverständlich nicht zumutbar – und seien es auch »nur« die Leichen eines Bestattungsunternehmers.

Was tun? Der vorsitzende Richter – offenbar wenig zimperlich – entschied sich eindeutig gegen das gesellschaftliche Tabu. Er verweigerte dem Mieter nämlich jegliches Recht zur Minderung des Mietzinses, und zwar mit verblüffend offener Begründung: Dem Mieter stünden in diesem Falle keinerlei Ansprüche zu. Der Tod gehöre schließlich zum Leben – und weltanschauliche Probleme des Mieters könnten im vorliegenden Rechtsstreit daher leider keine Berücksichtigung finden. Dass sich direkt unter seinen Wohnräumen und im Keller des Hauses gelegentlich Leichen befänden, beeinträchtige insbesondere nicht die Gebrauchstauglichkeit seiner Wohnung im Sinne des deutschen Mietrechts. Und dann wörtlich: »Die tägliche Konfrontation mit dem Tod mag dem Mieter zwar unangenehm sein. Subjektive Überempfindlichkeiten sind bei der Bewertung von Mietminderungsrechten nach dem Bürgerlichen Gesetzbuch jedoch nicht zu berücksichtigen.«

Amtsgericht Stuttgart — Aktenzeichen: 31 C 4679/08

Tom Cruise im Abseits

Wie Bayerns Junge Union die Welt rettet

Tom Cruise wäre mit Sicherheit »not amused«, wenn er dieses Urteil des Bundesverfassungsgerichts lesen würde. Das weltweit bekannteste Gesicht der Scientology-Bewegung müsste nämlich zur Kenntnis nehmen, dass seiner Sekte nicht nur vom deutschen Verfassungsschutz, sondern inzwischen auch aus Karlsruhe Ungemach droht.

Zur Entscheidung stand folgender Fall: Eine von Scientology beauftragte Agentur warb in München auf angemieteten Plakatwänden für das Buch *Die Grundlagen des Denkens* des 1986 verstorbenen amerikanischen Scientology-Begründers L. Ron Hubbard. Aus Angst ums deutsche Vaterland gab daraufhin die Junge Union (JU) Bayerns umgehend eine Pressemitteilung heraus, in der sie die Bevölkerung vor der Sekte warnte und ankündigte, die Namen aller Firmen öffentlich zu machen, die die Werbeflächen an die Scientologen vermieten. Die gegen diese Androhung der JU gerichtete Unterlassungsklage war zunächst in allen Instanzen erfolgreich: Nach Meinung der Gerichte handelte es sich um einen unzulässigen Boykottaufruf mit erheblichen wirtschaftlichen Nachteilen für die Firmen. Ein solcher Aufruf sei insbesondere nicht von der Meinungsfreiheit des Grundgesetzes gedeckt, da er die Firmen durch die Verbindung mit der Scientology-Sekte öffentlich »an den Pranger stelle«.

Zur allgemeinen Überraschung hob das BVerfG die Urteile wieder auf und gab der JU in letzter Instanz recht: Der Boykottaufruf gegen die Firmen diene hier erkennbar keinem wirtschaftlichen, sondern nur einem politischen und sozialen Anliegen. In diesem Fall aber stehe die Meinungsfreiheit des Grundgesetzes über den wirtschaftlichen Interessen der Betroffenen. Solange die JU lediglich die Veröffentlichung von Tatsachen ankündige, sei dies im Übrigen nicht verwerflich. Jeder Betrachter könne über den darin enthaltenen moralischen Vorwurf schließlich selbst urteilen. Gerade dies gehöre zum demokratischen Verständnis einer freien Gesellschaft. Und wörtlich: »Das weitgehende Fehlen von Sachargumenten in der Pressemeldung steht dieser Einschätzung nicht entgegen. Denn auch wer seine Haltung zu einer umstrittenen oder öffentlich diskutierten Frage mitteilt, ohne sie näher zu begründen, kann mit dieser Stellungnahme einen Beitrag zur Meinungsbildung leisten.«

Zum Mitschreiben: Die Meinungsfreiheit des Grundgesetzes ist nicht verhandelbar. Sie genießt absoluten Schutz. Zum Glück.

Schlechte Zeiten für Tom Cruise und seine Freunde.

Bundesverfassungsgericht — Aktenzeichen: 1 BvR 292/02

Gangsters Paradise

Jagdszenen an einem Stuttgarter Gymnasium

Die Geschichte klingt wie ein Stück aus einem Film über verwahrloste Jugendbanden in amerikanischen Armenvierteln. Tatsächlich stattgefunden hat das Ganze aber kürzlich an einem Stuttgarter Gymnasium: Eine Gruppe von Acht- und Neuntklässlern war während der Pause auf einen Mitschüler losgegangen und hatte ihn ohne erkennbaren Grund verprügelt. Anschließend versammelte sich die Gruppe vor dem Rektorat und trat unter Gejohle und Drohgebärden derart gegen die Tür, dass die Sekretärin des Schulleiters in Panik geriet. Nur mithilfe des Direktors, der sich den Schülern entgegenstellte und sie vom Schulgelände verwies, konnte die Situation entschärft werden. Auf dem Weg aus der Schule traf die Gruppe dann zufällig noch auf die inzwischen herbeigerufene Mutter des verprügelten Jungen, die sie dann ebenfalls bedrohten (»Wir hauen dir aufs Maul!«), ehe sie letztlich abzogen.

Der Fall kam vor Gericht, weil sich zwei der beteiligten Schüler gegen den fünftägigen Schulverweis, der vonseiten der Schulleitung im Nachhinein ausgesprochen wurde, wehren wollten. Ihr erstaunenswertes Argument: Der Direktor habe ihnen nicht konkret nachweisen können, dass sie an den Schlägen gegen den Mitschüler und den Ausschreitungen vor dem Rektorat sowie der Bedrohung der Mutter beteiligt gewesen seien. Allein ihre (erwiesene) Zugehörigkeit zur Gruppe rechtfertige keinesfalls eine solche Sanktion.

Irrtum! Das Verwaltungsgericht in Stuttgart wies den Antrag zurück und stellte bemerkenswerte Regeln für Sanktionen gegen gewaltbereite Schülergruppen auf: Bei einer solchen Kollektivbestrafung aller Gruppenmitglieder komme es gar nicht auf den konkreten Nachweis des Tatbeitrages an. Vielmehr sei allein die Zugehörigkeit zur Gruppe schon ausreichend. Wörtlich: »Wer sich von einer solchen Gruppe und deren Taten nicht aktiv distanziert, muss sich das gesamte Verhalten der Mitglieder zurechnen lassen. Ansonsten könnte jeder Beteiligte im Schutze der anderen verborgen bleiben und darauf spekulieren, ohne Strafe davonzukommen.« Das Bedrohungspotenzial der Gruppe, so das Gericht weiter, stelle sich immer höher dar als das einzelner Schüler, die im Zweifel solche Taten allein nicht begehen würden. Die Schüler fühlten sich nur in der Gruppe stark. »Diese Bedrohung durch Schülergruppen kann die Schule aber nicht tatenlos hinnehmen. Auf derartig aggressives Verhalten muss für alle Beteiligten erkenn- und spürbar reagiert werden.«

Verwaltungsgericht Stuttgart — Aktenzeichen: 10 K 4802/08

Auch für Oberlehrer gilt das Gesetz

Bremer Gericht weist einen Schuldirektor zurecht

Dass Lehrer zuweilen über ganz eigene Vorstellungen von Recht und Gerechtigkeit verfügen, wissen vermutlich nicht nur Schüler zu berichten. Auch Richter, Anwälte und Behörden freuen sich gerne und immer wieder aufs Neue über scheinbar rechtskundige Pädagogen mit Belehrungsdrang.

Einen Schritt zu weit ging aber ein Schulleiter aus Bremen, dessen merkwürdiges Rechtsverständnis ihn jetzt teuer zu stehen kommt. Passiert war Folgendes: Besagter Schuldirektor fuhr mit seinem Pkw nachmittags gegen 17 Uhr auf den schuleigenen Parkplatz und stellte fest, dass auf seinem seit Jahren gewohnheitsmäßig genutzten Stellplatz ein Anwohner unbefugt geparkt hatte. Obwohl noch mehrere andere Parktaschen frei waren, griff der Direktor zur Selbstjustiz: Er stellte sein Fahrzeug absichtlich quer hinter das andere Auto, sodass dieses nicht mehr bewegt werden konnte. Anschließend begab er sich in die Schule.

Dumm gelaufen, muss man im Nachhinein sagen. Denn der Anwohner kam wenig später aus seinem Haus, sah das Dilemma und rief die Polizei. Und die erstattete prompt Strafanzeige gegen den Schulleiter wegen Nötigung und bestellte zudem ein Abschleppunternehmen, um dessen Fahrzeug entfernen zu lassen.

Und zwar zu Recht! Das Verwaltungsgericht in Bremen erklärte dem Schuldirektor jetzt, dass er »strafende« Ordnungsmaßnahmen im öffentlichen Verkehr doch lieber den dafür zuständigen Behörden überlassen solle. Seine Erklärung, er sei ja wohl im Recht, denn er habe schließlich einen »Falschparker« zugeparkt, ließ das Gericht nicht gelten. Wer einen anderen Verkehrsteilnehmer absichtlich an der Fahrt hindere, begehe eine strafbare Nötigung und müsse im Übrigen auch die Kosten für das Abschleppen des blockierenden Fahrzeugs tragen. Und dann wörtlich: »Das unbefugte Parken des Anwohners berechtigte den Kläger (Schulleiter) keinesfalls dazu, dessen Ausfahrt zu versperren. Er hätte, wenn er denn wirklich diesen Parkplatz nutzen wollte, selbst ein Abschleppunternehmen rufen können. Dazu wäre er problemlos berechtigt gewesen, denn der Anwohner parkte unbestritten ohne Berechtigung. Das vorliegende Verhalten des Klägers verstößt somit aber gegen das im Gesetz verankerte Gebot der Rücksichtnahme im Straßenverkehr und verletzt im Übrigen die Rechte des Anwohners, der wegen der Blockade sein Fahrzeug nicht bewegen konnte.«

Verwaltungsgericht Bremen — Aktenzeichen: 5 K 1816/08

Darf ich mal bitte Ihre Tasche sehen?

Übergriffiges aus deutschen Supermärkten

Obwohl ich das in meinem Leben bestimmt schon einige Hundert Male beobachtet oder selbst erlebt habe, ärgert es mich immer wieder aufs Neue: Die Rede ist von den Taschenkontrollen im Supermarkt. Sie kennen das bestimmt: Man steht mit seinem Einkaufswagen in der Schlange, hat irgendwann alle Waren brav aufs Band gelegt, die Kassiererin scannt die Strichcodes in den Computer, und dann kommt der obligatorische Satz: »Kann ich gerade mal in Ihre Tasche sehen?« Die meisten Kunden folgen dieser Bitte und öffnen dem Personal freimütig die mitgebrachte Einkaufs- oder Handtasche. Man will ja auch keinen Aufstand provozieren, und rechtlich ist das vermutlich ja auch in Ordnung. Oder?

Nein, ist es nicht! Entgegen landläufiger Meinung muss man dieser Bitte des Personals nicht nachkommen. Das hat der Bundesgerichtshof schon vor über zehn Jahren entschieden: »Ohne konkreten Verdacht im Hinblick auf eine Straftat steht niemandem das Recht zu, andere Personen zu durchsuchen oder festzuhalten. Was nach dem Gesetz nicht mal der Polizei gestattet ist, darf erst recht nicht von einer Privatperson, hier konkret einem Supermarktbetreiber, vollzogen werden.«

Hätten Sie das gedacht? Dabei ist die Erklärung eigentlich logisch: Nach unserer Rechtsordnung darf selbst der Staat Durchsuchungen bei Personen nur vornehmen, wenn der konkrete Verdacht einer strafbaren Handlung besteht. Das steht so im Gesetz und ist auch sinnvoll, denn jeder Mensch hat Anspruch auf Achtung seiner Privatsphäre – jedenfalls solange er nicht einer Straftat verdächtig ist. Reine Routinedurchsuchungen der Polizei, also ohne konkreten Tatverdacht, gibt es deshalb auch gar nicht. Sie wären wegen unbegründeten Eingriffs in die Privatsphäre nämlich unzulässig.

Und nach genau diesem Prinzip funktioniert das auch im Supermarkt: Solange – und so wird das bei 99,9 Prozent aller Kunden sein – kein konkreter Verdacht auf Begehung eines Diebstahls besteht, hat der Inhaber des Geschäfts auch kein Recht, den Inhalt der mitgeführten Taschen zu sehen. Das ist ein Eingriff in die Privatsphäre des Kunden. Wer mit stark verbeulter Jacke und dämlichem Grinsen hastig an der Kasse vorbeiläuft, darf sich hingegen nicht wundern, wenn der Inhaber auf die Durchsuchung besteht. Die pauschale Kontrolle sämtlicher Kunden allerdings ist rechtlich unzulässig.

Fazit: Wer, wie die meisten, im Supermarkt normal und redlich seine Einkäufe tätigt, muss an der Kasse seine Taschen nicht vorzeigen. Man kann die Bitte des Personals demnach getrost abschlagen.

Bundesgerichtshof — Aktenzeichen: VIII ZR 221/95

Arschgeweih, lebenslänglich!

Wenn das Bio-Tattoo doch nicht verschwindet

Mein Bundesligatipprunden-Kumpel Michael ist Sternzeichen Jungfrau, ein echter Kopfmensch und verfügt daher über die seltene Gabe, komplizierte Situationen mit analytischer Schärfe und schlichten Sätzen zu meistern. Als wir ihn vor einigen Jahren in einer Bierlaune überreden wollten, sich ein Tattoo stechen zu lassen, überlegte er kurz und meinte dann: »Tattoo? Ne, keinen Bock, ist mir zu langfristig.« Das war es dann natürlich für uns – und Michael hat bis heute tatsächlich kein Tattoo. Dass sein ulkiger Satz eines Tages so ähnlich mal vor Gericht landen würde, hätte er sich aber vermutlich nicht träumen lassen: Das Oberlandesgericht Karlsruhe musste kürzlich über die Folgen eines sogenannten Bio-Tattoos (auch Temptoo) entscheiden.

Eine junge Frau, der eine richtige Tätowierung offenbar auch zu langfristig war, hatte sich vor Jahren ein Temptoo stechen lassen mit dem üblichen Versprechen, dieses verschwinde spätestens nach sieben Jahren von allein. Die Frau glaubte dieser Behauptung und wunderte sich nicht schlecht, als das auf ihren unteren Rücken gestochene Bild sieben Jahre später keinerlei Anstalten machte, von selbst zu verschwinden.

Sie klagte auf Schadensersatz und Schmerzensgeld – und zwar mit Erfolg! Das OLG Karlsruhe stellte jetzt fest, dass ein solches Tattoo eine »Körperverletzung« im Rechtssinne darstelle und daher zu umfangreichem Schadensersatz verpflichte, wenn das angekündigte Verschwinden nach sieben Jahren ausbleibe.

Damit zog das Gericht die Konsequenzen der unter Fachleuten längst verbreiteten Meinung, wonach ein solches Versprechen schon rein anatomisch gar nicht eingehalten werden kann: Tätowierungen, die nur in die oberen Hautschichten (Epidermis) eingebracht werden, halten maximal vier bis sechs Wochen, da in dieser Zeit eine Erneuerung der entsprechenden Hautschichten stattfindet. Gelangen die Stiche hingegen tiefer in die mittleren Hautschichten (Lederhaut), sind sie endgültig, und ein Verschwinden – auch nach Jahren – ist unter normalen Umständen ausgeschlossen.

Die betroffene Frau wehrte sich somit zu Recht: Sie erhält nun nicht nur die Kosten für die aufwendige Entfernung des Tattoos sowie ein beachtliches Schmerzensgeld. Das Gericht sprach ihr auch noch das Recht zu, mögliche Folgeschäden geltend zu machen. Und: Die dreijährige Verjährungsfrist des Bürgerlichen Gesetzbuches, auf die der Tätowierer sich vor Gericht berief, ist trotz des langen Zeitraums noch nicht abgelaufen! Die Frist beginne, so die Richter, nämlich nicht mit dem ursprünglichen Stechen des Tattoos, sondern erst dann, wenn das angekündigte Verschwinden der Tätowierung ausbleibe – im konkreten Fall also sieben Jahre nach dem Eingriff. Denn logischerweise könne die Frau erst dann feststellen, dass die Behauptung falsch war, und anschließend ihren Anspruch geltend machen.

Fazit: Bio-Tattoos, die angeblich nach Jahren von allein verschwinden, sind bereits anatomisch höchst fragwürdig. Wer sich gleichwohl darauf eingelassen hat und später vergeblich auf das Verschwinden wartet, steht nach dem Urteil des OLG Karlsruhe zum Glück nicht mehr rechtelos da.

Oberlandesgericht Karlsruhe — Aktenzeichen: 7 U 125/08

Kann ich mir das mal ausleihen?

Wie man seine Sachen zurückbekommt

Kennen Sie eigentlich diese Menschen, denen man Dinge ausleiht, die man dann nie wiedersieht? Zum Beispiel Bücher oder auch alte Schallplatten. Und der Gipfel: Ist man Jahre später zufällig zu Besuch, kommen so herrliche Sätze wie: »Ach, hab ich ja ganz vergessen, kannste aber jetzt gerne wieder mitnehmen.«

Was für eine Unverschämtheit! Aber wie ist das eigentlich rechtlich? Gehören die Sachen nach einer bestimmten Zeit etwa dem anderen? Oder macht der sich vielleicht strafbar, wenn er die *Abbey Road* von den Beatles auch nach fünf Jahren Leihe nicht zurückgibt?

Der Reihe nach: Wenn man etwas verleiht, bleibt man natürlich Eigentümer der Sache. Solange ich dem anderen nicht sage, dass er den Gegenstand endgültig behalten darf, verliere ich auch meinen Rückgabeanspruch nicht. Rückt er die Sache freiwillig nicht mehr heraus, vielleicht weil die Freundschaft zerbrochen oder er nach Hawaii verzogen ist, steht mir ein Herausgabeanspruch zu, den ich auch einklagen kann. Manchmal hilft aber auch eine simple Drohung – oder ein sanfter Hinweis: Wenn jemand eine geliehene Sache trotz Nachfrage weiter behält und sich anderen gegenüber auch noch als Eigentümer aufspielt, macht er sich nämlich strafbar. Und zwar wegen »veruntreuender Unterschlagung«. Es droht: Freiheitsstrafe bis zu fünf Jahren! Kein Scherz.

Aber wer zeigt schon einen Freund an, weil der die geliehene Schallplatte nicht zurückgibt? Tipp: Beim nächsten Besuch einfach mal die *Eagles – live*! von 1980 aus dem Regal des Gastgebers mitnehmen. »Nur für ein paar Tage, kriegste auch direkt zurück!« Das wirkt später Wunder. Versprochen.

§ 929 Bürgerliches Gesetzbuch (BGB)

Der will nur spielen!

Warum Tiere und Autos vor dem Gesetz manchmal gleich sind

Dass vor dem Gesetz alle Menschen gleich sind, weiß jeder – steht ja auch so in unserer Verfassung. Dass das gelegentlich aber auch für Tiere und Autos gilt, ist hingegen weniger bekannt. Begutachten kann man das Ganze am besten in den Sommerferien: Wer sich zum Beispiel entschlossen hat, die schönsten Wochen des Jahres bei achtundvierzig Grad in Dubai zu verbringen, steht vor der schwierigen Frage, ob der geliebte Dackel nicht doch besser zu Hause bleiben soll. In solch kniffligen Lagen freut man sich über Bekannte, denen man das Tier für drei Wochen dankend übergeben kann. Kommt der Hund nun aber dummerweise auf die Idee, gleich beim ersten Spaziergang mit seinen Pflegeeltern zum ersten Mal in seinem Leben einen Jogger anzufallen, stellt sich die Frage, wer denn jetzt für die Bisswunde an der Wade haften muss. Das Gesetz ist hier – für die meisten überraschend – eindeutig: Nach Paragraf 833 des BGB haftet man als Halter eines Tieres – ohne Rücksicht auf ein persönliches Verschulden! – für alle Schäden, die das Tier anrichtet. Und Halter im Sinne des Gesetzes bleibt man interessanterweise auch dann, wenn man seinen Liebling, etwa für die Ferienzeit, einem anderen überlässt. Mit der Übergabe des Tieres gibt man nämlich keinesfalls auch seine Haftungsverpflichtung ab.

Und genauso funktioniert das auch bei Kraftfahrzeugen: Wer sein Auto verleiht, bleibt nach Paragraf 7 des Straßenverkehrsgesetzes (StVG) in der Regel weiterhin Halter des Wagens mit der Folge, dass er – ebenfalls ohne Rücksicht auf ein persönliches Verschulden! – haftbar ist für alle Schäden, die dieses Fahrzeug beim Betrieb verursacht. Und das gilt selbstverständlich auch und vor allem dann, wenn die Person, der man den Wagen überlassen hat, einen Unfall mit Sach- oder Personenschäden verursacht. Auch hier kann der Geschädigte immer direkt auf den Halter bzw. dessen Versicherung zurückgreifen, ohne dass der Halter ihn auf den eigentlich schuldigen Fahrer – den Fahrzeugführer – verweisen darf.

Hinter alledem steckt die Idee, dass sowohl von Tieren als auch von Kraftfahrzeugen stets eine Art latente und nicht immer kontrollierbare Gefahr ausgeht. Und wenn sich diese Gefahr realisiert, es also zu einem Schaden kommt, verpflichtet der Gesetzgeber auch die Person zum Schadensersatz, die als Halter der Sache – zumeist übrigens der Eigentümer – für das schädigende Ereignis ursächlich im Rechtssinne ist.

Vorsicht ist also geboten: Denn ob man sich später seinerseits mit einem Regress bei den eigentlichen Verursachern – den Pflegeeltern des Hundes oder dem Autoentleiher – schadlos halten kann, steht auf einem ganz anderen Blatt.

§ 833 Bürgerliches Gesetzbuch (BGB); § 7 Straßenverkehrsgesetz (StVG)

Freiheit ohne Hose

Motorradfahrer müssen Schutzkleidung tragen

Für Fahrradfahrer gelten schon seit Jahren klare Regeln: Wer als »sportlicher« Radfahrer mit seinem Rennrad unterwegs ist, muss zwar nach dem Gesetz immer noch keinen Helm aufsetzen. Bei einem fremdverschuldeten Unfall trägt man aber gleichwohl eine Mitverantwortung, wenn nämlich die erlittene Kopfverletzung mit einem Helm vermieden oder jedenfalls nicht so schwer ausgefallen wäre. Konsequenz: Die Ersatzansprüche gegen den Unfallverursacher werden gemindert.

Das Oberlandesgericht in Brandenburg hat nun die Frage geklärt, ob für Motorradfahrer, die keine Schutzkleidung tragen, eine ähnliche Regel gelten kann.

Der Fall: Ein Motorradfahrer war ohne eigenes Verschulden mit einem Pkw zusammengestoßen und anschließend fast dreißig Meter weit über den Asphalt geschliddert. Da der Mann zwar Helm und Lederjacke, an den Beinen aber nur eine leichte Stoffhose trug, erlitt er schwerste Hautverletzungen, die über viele Monate stationär behandelt werden mussten. Als Langzeitschäden blieben zudem Narben und dauerhafte Schmerzen, auch wegen diverser Hauttransplantationen, die zur Rettung der Beine durchgeführt wurden.

Anschließend zog der Mann vor Gericht und forderte ein umfangreiches Schmerzensgeld. Die spannende Frage lautete: Trägt der Motorradfahrer, weil er nur eine leichte Hose getragen hatte, eine Mitschuld an dem Unfall, genauer gesagt: an dem Ausmaß der Verletzungen?

Als erstes Gericht in Deutschland stellte das OLG Brandenburg eine konkrete Kleiderordnung für Motorradfahrer auf und gab dem schwer verletzten Mann eine Mitschuld, da er keine schützende Hose getragen hatte: Zwar existiere, so die Richter, neben der Helmpflicht bis heute keine gesetzliche Vorschrift darüber, wie Motorradfahrer angezogen sein müssten. Das Tragen von Schutzkleidung – auch und vor allem an den Beinen – müsse von einem »vernünftigen und verständigen Motorradfahrer« aber verlangt werden. Nach einer Erhebung des ADAC liege die Verletzungshäufigkeit an den Beinen bei einem Motorradunfall nämlich bei über achtzig Prozent, weswegen es die meisten Motorradfahrer als eine Art persönliche Verpflichtung ansähen, jederzeit und im Übrigen auch bei kleineren Maschinen mit Schutzkleidung zu fahren. Und wörtlich: »Wer als Motorradfahrer auf Schutzkleidung verzichtet, geht bewusst ein erhebliches Verletzungsrisiko ein. Es ist deshalb sachgerecht, im Rahmen der Bemessung eines Schmerzensgeldes dieses selbst eingegangene Risiko zu berücksichtigen und den Anspruch des verletzten Motorradfahrers entsprechend zu vermindern.«

Oberlandesgericht Brandenburg — Aktenzeichen: 12 U 29/09

Ich bin doch nicht blöd!

Warum man defekte Waren nicht gleich erstattet bekommt

»Dat Dingen hier blitzt nit, isch krisch jetz mein Jeld zurück, sonst mach isch Rabatz, Fräulein!« Klare Ansage des älteren Herrn, der neulich vor mir in der Schlange eines bundesweit bekannten Elektrofachgeschäftes stand, dessen Kunden laut Werbung keinesfalls blöd sind. In der Hand hielt der Mann dabei eine Digitalkamera, die er Tage zuvor erworben hatte und bei der offenbar das Blitzlicht streikte.

Ob man in solchen Fällen tatsächlich, wie von dem Herrn lautstark eingefordert, direkt sein Geld zurückverlangen kann, ist im Bürgerlichen Gesetzbuch ziemlich eindeutig geregelt. Die überraschende Antwort lautet: Nein! Das BGB verweist den Käufer nämlich erst mal auf zwei andere Rechte: Zum einen kann man vom Verkäufer eine neue, mangelfreie Sache fordern. Die zunächst gekaufte, defekte Sache muss man in diesem Falle aber selbstverständlich zurückgeben. Die andere im BGB vorgesehene Möglichkeit kommt hauptsächlich bei gebraucht gekauften Gegenständen zum Tragen: Man kann vom Verkäufer nämlich wahlweise auch verlangen, die mangelhafte Sache kostenlos reparieren zu lassen. Die einfache

Rückgabe eines defekt gekauften Gegenstandes gegen Erstattung des Kaufpreises sieht das BGB also gar nicht vor. Man muss dem Verkäufer grundsätzlich eine zweite Chance geben, den Vertrag ordnungsgemäß zu erfüllen: Entweder er liefert eine neue, mangelfreie Sache oder repariert die alte. Erst wenn das nicht erfolgt, kann man vom Vertrag zurücktreten, also sein Geld zurückverlangen.

Übrigens: Manche Geschäfte zahlen gleichwohl, wenn man nämlich »Rabatz macht«, direkt den Kaufpreis zurück. Das läuft dann unter Kulanz. Einen gesetzlichen Anspruch darauf hat man aber nicht.

§ 439 Bürgerliches Gesetzbuch (BGB)

Bauarbeiter(in) für Schwertransporte gesucht!

Die Tücken des Gleichbehandlungsgesetzes

Ist Ihnen eigentlich schon mal aufgefallen, dass die Stellenanzeigen in der Zeitung oder auch im Internet seit einiger Zeit alle geschlechtsneutral formuliert sind? Da stehen dann so komische Sachen wie »Heizungsmonteur/in«, »Bauarbeiter(in) für Schwertransporte«, »liebevolle(r) Kinderfrau/-mann« oder auch »Krankenschwester (m/w) gesucht«.

Was zuweilen amüsant klingt, hat einen durchaus wissenswerten und ernsten Hintergrund: Seit 2006 gilt nämlich das »Allgemeine Gleichbehandlungsgesetz« (AGG). Danach darf niemand wegen seines Geschlechts benachteiligt werden. »Das steht ja wohl schon seit über fünfzig Jahren im Grundgesetz!«, höre ich Sie gerade sagen. Stimmt. Im Grundgesetz steht aber nicht, dass dieses Benachteiligungsverbot inzwischen auch für Stellenausschreibungen gilt. Und jetzt wird es interessant: Schreibt ein Arbeitgeber eine Stelle ohne sachlichen Grund geschlechtsspezifisch aus, macht er sich nach dem AGG unter Umständen gegenüber dem anderen Geschlecht ersatzpflichtig. Die Formulierung »flexible männliche Thekenkraft gesucht« benachteiligt zum Beispiel alle Frauen dieser Welt – mit erstaunlichen Rechtsfolgen: Bewirbt sich nun eine Frau auf diese Stelle und wird (was zu vermuten ist) nicht berücksichtigt, kann sie den vermeintlichen Arbeitgeber auf Schadensersatz verklagen. Denn der hat bereits durch die Stellenanzeige eine unzulässige Diskriminierung vorgenommen. Und der Hit: Das gilt sogar, wenn feststeht, dass die Bewerberin auch ohne die geschlechtsspezifische Benachteiligung gar nicht genommen worden wäre. Etwa weil sie sowieso schlechtere Zeugnisse oder weniger Berufserfahrung hatte oder zum Beispiel nicht so flexibel einsetzbar gewesen wäre wie ein männlicher Kollege. Alles egal! Allein die geschlechtsbezogene Ausschreibung genügt dem Gesetz für eine Schadensersatzpflicht, die übrigens dann bis zu drei (fiktive) Monatsgehälter betragen kann. Kein Scherz.

Aber Vorsicht: Damit das Gesetz nicht missbraucht wird, muss man es als Bewerber/in in jedem Falle »ernst« meinen. Wer demnach die Zeitungen nach diskriminierenden Anzeigen durchforstet und sich dann in der Hoffnung auf Schadensersatz zum Schein auf alle möglichen Stellen, für die er eigentlich gar keine Eignung hat, bewirbt, geht leer aus. Diesen sogenannten AGG-Hoppern (die nennt man wirklich so) versagen die Arbeitsgerichte Ansprüche aus dem Gleichbehandlungsgesetz. Häufig führt der Weg dann vielmehr zum Strafgericht, denn diese Scheinbewerbungen können ein strafbarer Betrug sein und mit Geld- oder Freiheitsstrafe geahndet werden.

Allgemeines Gleichbehandlungsgesetz (AGG)

Gutmütigkeit kann teuer werden

Die merkwürdige Rechtsprechung zu Abschleppunfällen

Stellen Sie sich vor, ein Bekannter oder Freund ruft an und erklärt Ihnen, er sei mit seinem Wagen soeben auf der Landstraße liegen geblieben, ein Motorschaden, ob Sie nicht kommen und ihn abschleppen könnten.

Sie sind natürlich ein netter Mensch, setzen sich gleich in Ihr Auto, fahren zu Ihrem Bekannten raus, montieren eine Abschleppstange (oder ein Abschleppseil) und schleppen den defekten Wagen ab. Ihr Bekannter lenkt (ohne Motorkraft) sein eigenes Auto, und Sie ziehen ihn mit Ihrem Kfz. Bis dahin also alles bestens.

Und dann wird es interessant: Ohne dass einem von Ihnen beiden ein Verschulden oder ein Fahrfehler anzulasten bzw. nachzuweisen wäre, kommt es auf einer abschüssigen Straße zu einer leichten Berührung der beiden Wagen, bei der an Ihrem Fahrzeug ein Lackschaden in Höhe von etwa 1000 Euro entsteht. Frage: Wer von Ihnen beiden trägt diesen Schaden?

Das Oberlandesgericht Hamm/Westfalen hatte kürzlich über genau diesen Fall zu entscheiden. Und es tat sich dabei ziemlich schwer. Das Problem lag nämlich darin, dass bei ungeklärter Schuldfrage normalerweise eine hälftige Teilung des Schadens stattfinden muss, was hier freilich erhebliche Bauchschmerzen verursacht. Denn zum einen »fuhr« eigentlich ja nur Ihr Wagen, Ihr Bekannter saß – ohne Motorkraft! – nur in seinem von Ihnen gezogenen Auto und lenkte. Zum anderen käme es extrem ungerecht daher, wenn Sie für Ihre Gutmütigkeit durch die hälftige Teilung des Schadens quasi noch bestraft würden, schließlich hatte Sie Ihr Bekannter mit dem Abschleppen beauftragt. Und genauso sah es auch das Landgericht Essen, das dem abgeschleppten Fahrer in erster Instanz achtzig Prozent des Schadens aufbürdete.

Das OLG Hamm mochte dem aber nicht folgen und stellte vielmehr Folgendes klar: Bei einem klassischen Abschleppvorgang befinden sich beide beteiligten Fahrzeuge nach wie vor »in Betrieb« im Sinne des Straßenverkehrsrechts – und zwar auch das Fahrzeug, das ohne eigene Motorkraft lediglich gezogen wird.

Die Konsequenzen: Beide Fahrzeuge tragen grundsätzlich die gleiche Betriebsgefahr, da sie eben auch beide weiterhin am öffentlichen Straßenverkehr teilnehmen. Kann nunmehr bei einem Unfall kein Verschulden zugeordnet werden, muss der entstandene Schaden hälftig geteilt werden. Und: Die Tatsache, dass der eine Fahrer den anderen Fahrer beauftragt hat, ändert diese Beurteilung nicht. Denn auch bei einem solchen Auftrag darf der Beauftragte nicht davon ausgehen, dass sein Auftraggeber verschuldensunabhängig für alle entstandenen Schäden haftet.

Fazit: Auch beim Abschleppen entscheidet bei einem Unfall allein das Verschulden der Beteiligten über die Haftungsquote. Einen Bonus für Gutmütigkeit gibt es nicht.

Oberlandesgericht Hamm — Aktenzeichen: 9 U 73/08

Einmal abschleppen – zweimal kassieren!
Überraschende Unverschämtheiten der Koblenzer Stadtverwaltung

Dass die Städte und Gemeinden knapp bei Kasse sind, weiß jedes Kind. Immer das gleiche Problem: Wie und wo bloß zusätzliches Geld hernehmen? Vielleicht täuscht der Eindruck, aber irgendwie bekommt man das Gefühl, dass das gebührenträchtige Bestrafen von Falschparkern zur Lieblingseinnahmequelle der Stadtverwaltungen geworden ist und inzwischen militante Ausmaße angenommen hat.

Eine besonders originelle bis unverschämte Methode der Gebührenerhebung segnete kürzlich das Verwaltungsgericht in Koblenz ab: Eine junge Frau hatte ihr Fahrzeug abends vor einer Diskothek im absoluten Halteverbot geparkt. Die Polizisten bemerkten den Wagen und riefen, nachdem die Halterin nicht ausfindig gemacht werden konnte, ein Abschleppunternehmen. Noch bevor der Abschleppwagen den Schauplatz erreichte, erschien allerdings die junge Frau und fuhr ihr Fahrzeug auf einen ordnungsgemäßen Parkplatz. Der Abschleppdienst kam Minuten später zum Ort des Geschehens – und dann wurde es interessant: Da das ursprünglich zu entfernende Fahrzeug ja nicht mehr im Halteverbot stand, schleppte das Unternehmen nach dem Motto »Wenn wir schon mal hier sind!« ein anderes, ebenfalls vor der Diskothek im absoluten Halteverbot stehendes Auto auf Anweisung der Polizei ab. Bezahlen sollte diesen Abschleppvorgang später allerdings nicht nur der Halter des zweiten Wagens. Das Polizeipräsidium Koblenz erhob – neben den vollständigen Gebühren gegen den Halter des zweiten Fahrzeugs – zudem auch Gebühren für einen abgebrochenen Abschleppvorgang gegen die Halterin des ersten Wagens.

Gegen diese Ungeheuerlichkeit zog die junge Frau vor Gericht – und verlor! Zur Überraschung aller Beteiligten meinten die Richter, es spiele keine Rolle, aus welchem Grund der erste Abschleppvorgang abgebrochen worden sei. Der rein zufällige Umstand, dass vor Ort dann noch ein anderes Fahrzeug abgeschleppt werden konnte, entlaste die Halterin des zunächst anvisierten Wagens nicht. Sie müsse trotzdem die Kosten für die Anfahrt und die »sonstigen, vorbereitenden Maßnahmen« des beauftragten Abschleppunternehmens tragen. Dass damit für einen Vorgang gleich zweimal Kosten erhoben werden und das Abschleppunternehmen demnach praktisch doppelt abrechnen könne, spiele für die grundsätzliche Gebührenpflicht der Halterin keine Rolle. Sie habe den Vorgang mit ihrem Verhalten schließlich veranlasst. Wörtlich: »Die Kostenfestsetzung der Polizei gegen die Halterin ist daher rechtmäßig.«

Verwaltungsgericht Koblenz — Aktenzeichen: 3 K 416/08

Mein Leben ohne Rückspiegel

Keine Gnade für unachtsame Autofahrer

»Herr Schwabe, wenn Sie ein Herz für Radfahrer haben, öffnen Sie einfach die Fahrertür beim Aussteigen mit der rechten Hand!« An diesen Satz meines Fahrlehrers aus der allerersten Stunde erinnere ich mich bis heute. Und ebenfalls bis heute bin ich ihm ziemlich dankbar für diesen Tipp, denn er funktioniert tatsächlich: Wer sich die Mühe macht, mit der rechten Hand den Türöffner zu betätigen, guckt nämlich zwangsläufig in den linken Außenspiegel und sieht folglich vor dem Aussteigen, wer oder was von hinten kommt.

Warum ich Ihnen das erzähle? Das Oberlandesgericht in Jena musste neulich über einen Autofahrer urteilen, der genau das nicht beachtet hatte und – ohne hinter sich zu sehen – plötzlich und unvermittelt aus seinem Wagen ausgestiegen war. Das Problem: Von hinten kam mit flotter Geschwindigkeit und sehr engem Seitenabstand ein Radfahrer angesaust, der sich bei dem folgenden Sturz über die Fahrertür das rechte Bein bis auf den Knochen aufschlitzte, eine tiefe Fleischwunde, mehrere Prellungen und wegen eines anschließenden sehr komplizierten Heilungsprozesses auch noch erhebliche Langzeitschäden zuzog.

Die interessante Frage lautete natürlich: Trägt der Radfahrer aufgrund des geringen Seitenabstandes eine Mitschuld? Nachdem ein Sachverständiger für den Zeitpunkt des Unfalls einen Abstand von nur zirka fünfundachtzig Zentimetern zwischen Auto und Fahrrad errechnet hatte, gab das Gericht dem Autofahrer zur allgemeinen Überraschung die alleinige Verantwortung für den Unfall – und zwar mit interessanter Begründung: Grundsätzlich, so die Richter, dürfe ein Autofahrer gemäß Paragraf 14 der Straßenverkehrsordnung (StVO) erst dann die Fahrertür öffnen und aussteigen, wenn er sich vergewissert hat, dass andere Verkehrsteilnehmer dadurch nicht gefährdet werden. Fährt ein Radfahrer in eine plötzlich aufgerissene Tür, spreche dies logischerweise für eine Verletzung dieser Pflicht seitens des Autofahrers.

Die Tatsache, dass der Fahrradfahrer im vorliegenden Fall nur einen sehr geringen Seitenabstand hatte, ändere die Beurteilung nicht, denn: »Der laufende Verkehr muss lediglich damit rechnen und sich auch entsprechend darauf einstellen, dass Autofahrer die Fahrertür zunächst ›spaltweise‹ öffnen. Daher ist – wenn keine besonderen Umstände hinzutreten – nach ständiger Rechtsprechung grundsätzlich ein Seitenabstand von einem Meter erforderlich, aber auch ausreichend. Unterschreitet der Radfahrer diesen Wert, führt dies aber nicht automatisch zu einem anteiligen Mitverschulden. Bei einem plötzlichen und unachtsamen Aufreißen der Tür und einem nur geringen Unterschreiten des Richtwertes von einem Meter durch den Radfahrer überwiegt in der Regel weiterhin das Verschulden das Autofahrers dergestalt, dass er allein die Folgen seines unaufmerksamen Verhaltens zu tragen hat.«

Fazit: Wer die Fahrertür öffnet, ohne vorher nach hinten zu schauen, riskiert nicht nur die Gesundheit anderer Verkehrsteilnehmer, sondern trägt im Zweifel auch rechtlich die alleinige Verantwortung für die Folgen.

Oberlandesgericht Jena — Aktenzeichen: 5 U 596/06

Papa, du sollst nicht lügen!

Wenn der Hotelbesitzer plötzlich doch bis drei zählen kann

Die Versuchung ist zugegebenermaßen bisweilen ziemlich groß: Bei allen möglichen Dienstleistungen zahlen Kinder weniger als den Normalpreis – und so manches Mal fragt man sich, ob es wirklich auffallen würde, die siebenjährige Charlotte mal eben als ein Jahr jünger auszugeben. Spart bares Geld, fühlt sich ungeheuer clever an – und es merkt ja sowieso keiner!

Vorsicht! Das Landgericht Dortmund hat in einem spektakulären Fall vorgeführt, welch drastische Konsequenzen eine solche Flunkerei für die Beteiligten haben kann: Ein Familienvater aus dem Ruhrgebiet hatte für seine fünfköpfige Familie einen Sommerurlaub in Side/Türkei gebucht. Um in den Genuss von Vergünstigungen zu kommen, gab er bei Buchung im Reisebüro das Alter seiner drei Söhne bewusst falsch an und machte aus zwei bereits volljährigen Kindern kurzerhand Minderjährige sowie aus einem achtjährigen einen fünfjährigen Jungen. Diese Angaben wiederholte er beim Einchecken in Side, wo die ahnungslosen Hotelbesitzer zunächst auch keinen Verdacht schöpften, da sie die Kinder erst einmal nicht zu Gesicht bekamen. Als die Hotelleitung durch einen Zufall einige Tage später den Schwindel doch bemerkte, kam es zum Eklat. Der Reiseveranstalter wurde umgehend informiert – er forderte anschließend Schadensersatz und zeigte die gesamte Familie wegen Betruges bei der Staatsanwaltschaft an.

Und zwar zu Recht, wie das LG Dortmund feststellte. Wer bei der Buchung von (Reise-)Leistungen bewusst falsche Angaben über das Alter seiner Kinder mache, um unrechtmäßig Vergünstigen zu erlangen, verletze eine bestehende Wahrheitspflicht und müsse daher vollumfänglich Schadensersatz leisten. Hierbei spiele insbesondere keine Rolle, dass sich erfahrungsgemäß die Hotels am Urlaubsort keinerlei Gedanken mehr über diese Angaben machten, sondern aufgrund der Buchungsunterlagen von deren Richtigkeit ausgingen. Dies entlaste die Familie ebenso wenig wie deren nachträglich vor Gericht erhobene Behauptung, das Reisebüro in Deutschland habe von dem ganzen Schwindel gewusst. Selbst unter diesen Umständen entstünde dem Reiseveranstalter ein Schaden, da das Reisebüro nur als Vermittler auftrete und der eigentliche Veranstalter sich das (unredliche) Verhalten des Reisebüros nicht zurechnen lassen müsse. Daher gelte die Schadensersatzpflicht unabhängig davon, ob das Reisebüro den Betrug unterstütze oder ebenfalls ahnungslos sei. Konsequenz: Die Familie musste den Reisepreis in vollem Umfange nachentrichten.

Das wirklich dicke Ende steht der Familie allerdings noch bevor, denn aufgrund der Anzeige bei der Staatsanwaltschaft müssen sich jetzt nicht nur die Eltern wegen versuchten Betruges vor Gericht verantworten. Da sich zwei der Söhne bereits im strafmündigen Alter befanden und von dem Schwindel ebenfalls wussten, droht auch ihnen eine strafrechtliche Verurteilung wegen Beihilfe zum Betrug. Bedenkt man nun, dass der Betrugstatbestand des Strafgesetzbuchs als mögliche Sanktionen eine Geld- oder eine Freiheitsstrafe von bis zu fünf Jahren androht, könnte dieser Urlaub also durchaus ziemlich unangenehme Nachwirkungen haben.

Fazit: Wer das Alter seiner Kinder bei der Inanspruchnahme von Dienst- oder Reiseleistungen bewusst unrichtig angibt, muss im Falle der Entdeckung nicht nur mit Schadensersatzforderungen rechnen, sondern bringt sich und unter Umständen sogar seine eigenen Kinder in die Gefahr einer strafrechtlichen Verfolgung. Für vermeintlich leicht und clever gespartes Geld ohne Zweifel ein sehr hoher Preis.

Landgericht Dortmund — Aktenzeichen: 3 O 172/08

Die Großen lässt man laufen

Von der Lernfähigkeit deutscher Justiz

Die Kleinen hängt man, die Großen lässt man laufen! Kein Klischee über die Justiz wird an deutschen Stammtischen lieber verbreitet als dieses. So unsinnig eine pauschale Beurteilung der Gerichte und ihrer Urteile sein mag, so zielsicher trifft der Satz die Wahrnehmung der Öffentlichkeit. Wenn etwa kriminelle Wirtschaftsbosse das Gerichtsgebäude aufgrund eines »Deals« zwischen Staatsanwalt, Rechtsanwalt und Gericht mit einer Bewährungsstrafe und breitem Grinsen verlassen, regt sich Volkes Seele, und das Rechtsempfinden steht auf dem Kopf. Man hat es ja schon immer gewusst: Die Kleinen hängt man, die Großen lässt man laufen!

Dass die Justiz dieses Rechtsempfinden der Bevölkerung tatsächlich ernst nimmt, zeigt jetzt ein erstaunlicher Fall des Oberlandesgerichts in Oldenburg, bei dem Folgendes zur Entscheidung stand: Eine vierundsiebzig Jahre alte Frau war vom Amtsgericht in Wittmund (Niedersachsen) in erster Instanz zu einer Freiheitsstrafe von vier Monaten ohne Bewährung verurteilt worden. Ihr Vergehen: Sie hatte in einem Supermarkt Lebensmittel für den persönlichen Bedarf im Wert von 5 Euro (!) gestohlen. Das Gericht kannte gleichwohl keine

Gnade, da die Frau schon häufiger bei Diebstählen erwischt worden war und daher nach Meinung des Richters als Wiederholungstäterin einen Denkzettel brauchte.

Diesen Denkzettel bekam der Richter jetzt von seinen Kollegen am OLG förmlich um die Ohren gehauen. Und zwar mit erstaunlicher Begründung, wörtlich heißt es: »Immer häufiger werden Wirtschaftskriminelle, die hohe bis allerhöchste Schäden in vielfacher Millionenhöhe anrichten, aufgrund von Absprachen vor Gericht (»Deals«) lediglich zu Bewährungsstrafen verurteilt. Wenn die Justiz gleichzeitig Bagatellstraftäter, die verglichen damit einen fast unermesslich kleinen Schaden verursacht haben, mit mehrmonatigen Freiheitsstrafen belegt, berührt dies die Frage der gleichen und vor allem gerechten Rechtsanwendung. In der Bevölkerung kann so der Eindruck einer willfährigen Nachgiebigkeit der Strafjustiz gegenüber ›großen‹ und einer gnadenlosen Härte gegenüber ›kleinen‹ Straftätern entstehen. Angesichts dieser Erwägungen ist die Bestrafung der Angeklagten, die Lebensmittel im Wert von lediglich 5 Euro entwendete, gänzlich unangemessen und somit in dieser Form aufzuheben.«

Oberlandesgericht Oldenburg – Aktenzeichen: Ss 187/08

Schlafanzüge zu Weihnachten

Warum man bei Nichtgefallen kein Rückgaberecht hat

Ich wette, meine Mutter wird den Satz auch dieses Jahr wieder sagen: »Jung', isch hab dir wat jekauft, und wenn et nit passt, dann tauschen mer et um!«

Mütter schenken ihren Söhnen zu Weihnachten vermutlich schon seit Erfindung des Universums: Schlafanzüge. Das beginnt im Kindesalter und zieht sich interessanterweise bis in die Zeit hinein, wo die Jungs schon aus dem Haus sind und eine eigene Familie haben. Vollkommen egal, Weihnachten gibt es: Schlafanzüge. Trotz umfangreicher Recherche im Bekanntenkreis habe ich das übrigens bis heute nicht verstanden und vermute inzwischen, dass während der Schwangerschaft irgendein Gen produziert wird, das der Mutter später lebenslang den Befehl erteilt, ihrem Sohn zu Weihnachten einen Schlafanzug zu schenken.

Ehrlich gestanden möchte ich den Schlafanzug und die strahlenden Augen meiner Mutter, wenn ich das Ding auspacke, aber längst nicht mehr missen. Und bin tatsächlich immer wieder froh, dass es die richtige Größe ist, denn an einer Stelle irrt meine Mutter: Umtauschen, »wenn et nit passt«, geht nach deutschem Recht leider nicht. Entgegen der nach wie vor weit verbreiteten Überzeugung gewährt das Bürgerliche Gesetzbuch einen Umtausch oder die Rückzahlung des Geldes bei Nichtgefallen der Ware oder ähnlichen Gründen gerade nicht! Wenn man eine Sache kauft, die einem selbst (oder zu Weihnachten dem Beschenkten) doch nicht gefällt oder die nicht verwendet werden kann, ist man gleichwohl an diesen Kauf gebunden. Jura-Studenten lernen dieses Prinzip übrigens an dem sogenannten »Brautkleid-Fall«: Wenn eine Frau in Erwartung der Vermählung ein Brautkleid kauft, die Hochzeit dann aber doch noch platzt, kann die Braut das Kleid nicht zurückgeben. Denn das Brautkleid an sich hatte ja keinen Fehler. Genau genommen, ist nur der Anlass oder eigentlich das Motiv des Kaufs weggefallen. Dafür aber kann der Verkäufer selbstverständlich nichts.

Merke: Der Umtausch oder die Rückgabe des Geldes sind rechtlich betrachtet nur möglich, wenn der gekaufte Gegenstand einen ›Mangel‹ hat, also beschädigt oder aus einem anderen Grund nicht funktionsfähig ist. Allein der Umstand, dass die Sache einem nicht gefällt, der Anlass des Kaufs vielleicht später weggefallen ist (das Brautkleid) oder etwa ein gekauftes Kleidungsstück nicht passt, berechtigt nicht zum Rücktritt! Nimmt der Verkäufer den Gegenstand dennoch zurück, ist dies reine Kulanz. Und ein Letztes: Wer allerdings über das Internet gekauft hat, darf zwei Wochen lang ohne Angabe von Gründen den Vertrag widerrufen. Das nennt man »Fernabsatzvertrag«, bei dem der Verbraucher besonders geschützt ist.

Dieses Problem stellt sich mir glücklicherweise nicht. Das Internet ist meiner Mutter nämlich komplett unbekannt – und der neue Schlafanzug passt immer. Seit vierzig Jahren.

§ 434 Bürgerliches Gesetzbuch (BGB)

Wenn der Nachwuchs hustet

Eltern dürfen zu Hause bleiben

Dieser Text ist all jenen Eltern gewidmet, die gerade auf ihre kranken Kleinkinder aufpassen müssen und deshalb tageweise nicht zur Arbeit können. Achtung: Der Lohnanspruch gegen den Arbeitgeber verfällt dadurch nicht!

Das Bürgerliche Gesetzbuch hat diesen Fall nämlich ausdrücklich geregelt und in Paragraf 616 festgeschrieben, dass ein Arbeitnehmer, der »für eine verhältnismäßig nicht erhebliche Zeit ohne Verschulden an der Dienstleistung verhindert ist«, seinen Anspruch auf Lohn behält.

Dahinter steckt folgende Idee: Es gibt in jedem Leben diverse Anlässe, bei denen man definitiv nicht fehlen darf – zum Beispiel die eigene Eheschließung, die silberne oder goldene Hochzeit, die Niederkunft der Ehefrau, die Erstkommunion oder Konfirmation der Kinder oder auch, weniger erfreulich, Begräbnisse im engsten Familienkreis.

Damit die Betroffenen bei solch wichtigen Anlässen keine Vermögenseinbußen erleiden müssen, hat der Gesetzgeber den Arbeitgeber dazu verpflichtet, in diesem Fall weiterhin den Lohn zu zahlen, obwohl ja tatsächlich keine Arbeit erbracht wird. Und zu diesen Anlässen gehört interessanterweise auch die Pflege von kranken Familienmitgliedern, insbesondere Kindern.

Damit der Lohnanspruch bestehen bleibt, müssen aber folgende Voraussetzungen vorliegen: Es muss sich zunächst um die Pflege eines kranken und damit pflegbedürftigen »nahen« Angehörigen handeln. Eigene Kinder fallen problemlos darunter, und zwar unabhängig vom Alter. Des Weiteren darf keine andere Person im Haushalt für die Übernahme der Pflege verfügbar sein. Gehen also Mama und Papa beide arbeiten, darf eine Person im Krankheitsfall des Kindes zu Hause bleiben, hier haben die Eltern dann übrigens die freie Wahl. Problematisch ist schließlich allein der Zeitraum des Fernbleibens von der Arbeit: Feste Regeln dazu gibt es leider bis heute nicht. Nach Meinung des Bundesarbeitsgerichts hängt die Entscheidung stets vom Einzelfall und unter anderem von der Schwere und Dauer der Erkrankung ab. Konkret hat das Gericht bei der Pflege von kranken Kindern unter acht Jahren einen Zeitraum von fünf Tagen als grundsätzlich zulässig angesehen, sofern dies zur Pflege objektiv erforderlich ist. Geringere Zeiträume – also etwa zwei oder drei Tage – dürften daher logischerweise ebenfalls zulässig sein. Wochenlanges Fehlen aber ist keinesfalls von Paragraf 616 des BGB gedeckt. Bei langfristigen Erkrankungen der Kinder müssen die Eltern sich vielmehr um anderweitige Hilfe bemühen.

Zwei Dinge noch zum Schluss: Wer Mitglied in der gesetzlichen Krankenversicherung ist, kann unter Umständen nach

Paragraf 45 des Sozialgesetzbuches (SGB V) im Falle der Pflege seiner Kinder für längstens zehn Tage pro Kalenderjahr Krankengeld beanspruchen (Alleinerziehende sogar zwanzig Tage). Dieses Krankengeld ist aber an besondere Voraussetzungen geknüpft und kann vor allem erst und nur dann gefordert werden, wenn der eben geschilderte Anspruch gegen den Arbeitgeber aus Paragraf 616 BGB nicht besteht. Und schließlich dürfen diese gesetzgeberischen Hilfen natürlich nicht missbraucht werden. Wer eine Krankheit des Kindes vortäuscht, deshalb nicht zur Arbeit erscheint und trotzdem Gehalt kassiert, begeht einen Betrug und muss anschließend mit der Kündigung rechnen.

Bundesarbeitsgericht — Aktenzeichen: 5 AZR 834/76

So wahr ihm Gott helfe

Von den Sorgen eines ehrenamtlichen Richters aus Leipzig

Dass sich manche Menschen mit dem Respekt vor der Justiz schwertun, ist bekannt. Eine herrlich absurde Vorstellung bot allerdings neulich ein älterer Herr aus Leipzig: Der Mann hatte sich beim Verwaltungsgericht der sächsischen Großstadt als ehrenamtlicher Richter beworben. Nach Aufnahme in die entsprechende Vorschlagsliste und eingehender Prüfung wurde er einige Wochen später tatsächlich vom zuständigen Wahlausschuss für die vierjährige Amtsperiode der Jahre 2009 bis 2013 bestellt.

Als er zur Vorbereitung seiner ehrenamtlichen Richtertätigkeit an der ersten Informationsveranstaltung beim Verwaltungsgericht (VG) Leipzig teilnahm, änderte er seinen Entschluss, schrieb am nächsten Tag einen Brief an die Präsidentin des VG und teilte Folgendes mit: Zum einen sei er mit dem Amtseid und dessen Schlussformel »So wahr mir Gott helfe« nicht einverstanden. Im Übrigen habe er bei der Veranstaltung aber auch erfahren, dass für die Verhandlungstage keine Pausenverpflegung vorgesehen sei. Bei längeren Verhandlungen müsse er daher unter Umständen hungrig arbeiten. Das Mitbringen von eigener Verpflegung halte er für nicht akzeptabel, da man vorher ja nie wisse, wie lange solche Gerichtsverhandlungen dauerten. Und bei sehr kurzen Gerichtsterminen müsse er dann unter Umständen seine Lebensmittel sogar unbenutzt hin- und hertransportieren, was gerade im Sommer bei hohen Temperaturen bekanntlich nicht sinnvoll sei. Ohne einen Imbiss wolle er den Dienst aber nicht antreten und mache vielmehr von seinem demokratischen Recht, eine Wahl auch ablehnen zu dürfen, Gebrauch.

Das wird er sich jetzt aber doch anders überlegen müssen. Denn das Oberverwaltungsgericht in Bautzen, das mit diesem Fall tatsächlich befasst war, gab ihm süffisante Nachhilfe in Sachen Respekt vor der Justiz: Es sei bedauerlicherweise bei Gericht nicht üblich, mit einem Imbiss versorgt zu werden, da es dort nämlich eher um die Lösung rechtlicher Probleme gehe. Daher könne er den fehlenden Imbiss leider auch nicht als »besondere Härte« vorbringen und mit diesem Argument von seinem Amt zurücktreten. Sollte er aus gesundheitlichen Gründen auf besondere Essenszeiten angewiesen sein, könne er aber gerne mal mit dem Vorsitzenden Richter über eine entsprechende Gestaltung der Gerichtsverhandlungen reden.

Oberverwaltungsgericht Bautzen — Aktenzeichen: 3 F 13/09

Kein Schwein ruft mich an

Wie man sich gegen schwerfällige Telefongesellschaften wehrt

Irgendwann zieht jeder Mensch mal um, und im Zuge dessen meldet man natürlich auch seinen Festnetzanschluss um, damit in der neuen Wohnung das Telefon – möglichst unter der alten Rufnummer – läuten kann. Die übliche Folge: Wochenlanges Warten auf einen neuen Anschluss, da die zuständige Telefongesellschaft den Auftrag für nicht ganz so dringend hält, wie man selbst. Ziemlich ärgerlich, aber was soll man machen?

Das könnte sich ändern! Das Landgericht in Frankfurt hat nämlich eine Telefongesellschaft zu umfangreichem Schadensersatz verurteilt, weil sie sich bei der Umstellung des Anschlusses zu viel Bearbeitungszeit nahm. Es ging um folgenden Fall: Ein Versicherungsmakler aus Berlin hatte seinem Festnetzanbieter am 10. Februar mitgeteilt, dass er seine Wohnung und sein Büro zum 1. März innerhalb der Stadt verlegen wolle. Er bat die Gesellschaft unter Angabe der neuen Adresse, sowohl seinen privaten als auch den geschäftlichen Anschluss entsprechend umzulegen. Exakt fünfundzwanzig Tage später, also am 7. März, meldete sich die Gesellschaft erstmalig und erbat Auskünfte über den genauen Standort der Telefonbuchse in der neuen Wohnung. Der Mann antwortete umgehend per Fax und wies nochmals auf die Dringlichkeit und den inzwischen verstrichenen Bearbeitungstermin hin. Ergebnis: Nach einer weiteren Anfrage, die siebzehn Tage später erfolgte, installierte die Gesellschaft schließlich am 8. April den neuen Anschluss.

Diese Unverschämtheit wollte sich der Versicherungsmakler nicht bieten lassen und verklagte die Gesellschaft auf Schadensersatz. Und das zu Recht! Das LG sprach dem Kläger satte 13.000 Euro Verdienstausfall zu und stellte bei seinem Urteil einige hochinteressante Regeln für die Ersatzpflicht der Telefongesellschaften im Falle von verspäteten Anschlussinstallationen auf. Wörtlich heißt es im Urteil: »Der Anbieter von Telekommunikationsdiensten ist verpflichtet, einem (gewerblichen) Kunden jede Unterstützung zukommen zu lassen, um den gewünschten Umschalttermin zu realisieren. Bearbeitungszeiten von fünfundzwanzig oder auch nur siebzehn Tagen, um einfachste Anfragen zu starten oder Informationen einzuholen, sind bereits ein Pflichtverstoß für sich. In Anbetracht der heutigen Bedeutung der Telekommunikation und ihrer ständigen Aufrechterhaltung im geschäftlichen, aber auch im privaten Bereich führen solche Bearbeitungszeiten zur Schadensersatzpflicht des Anbieters.«

Hört, hört! Und es kommt sogar noch besser: Zum einen erklärte das Gericht den Haftungsausschluss, den die Telefongesellschaft in ihrem Vertrag verankert hatte, für unwirksam. Solche gravierenden Verspätungen beträfen sogenannte

»Kardinalpflichten«, bei denen der Haftungsausschluss nicht greife. Zum anderen erleichterte das Gericht dem betroffenen Kunden auch noch den (durchaus schwierigen) Nachweis seines Schadens: Denn der Kunde konnte natürlich nicht genau sagen, welche Aufträge ihm entgangen waren – das Telefon funktionierte ja gar nicht! Das Gericht gestattete deshalb, den Schaden durch die Vorlage der Geschäftsunterlagen der vergangenen Jahre für den fraglichen Zeitraum zu schätzen.

Fazit: Kunden sind den Telefongesellschaften nicht hilflos ausgeliefert. Treten bei der Bearbeitung von Anträgen Verspätungen in den genannten Dimensionen auf und entsteht dem Kunden daraus ein Schaden, kann dies zur Ersatzpflicht führen.

Landgericht Frankfurt — Aktenzeichen: 3-13/61/06

Suchtexperten auf der Richterbank

Vom peinlichen Versuch, einen Alkoholabhängigen zu therapieren

Wenn man im betrunkenen Zustand eine Gesetzesverletzung wie zum Beispiel einen Diebstahl begeht, ist das in der Regel für die spätere Bestrafung durch ein Gericht unbeachtlich. Solange der Täter nicht den vergleichsweise hohen Grenzwert von drei Promille überschritten hat, gilt er strafrechtlich als »schuldfähig« und bekommt die gleiche oder eine nur unerheblich geringere Strafe als ein nüchterner Rechtsbrecher.

Anders, wenn der Täter häufiger angetrunken straffällig wird und das Gericht den Eindruck bekommt, weitere Taten im berauschten Zustand könnten folgen. Dann bietet das Strafgesetzbuch die Möglichkeit, neben üblichen Sanktionen (Geld- oder Freiheitsstrafe) die Unterbringung in einer Entziehungsanstalt anzuordnen. Das Ganze nennt sich »Maßregel der Besserung und Sicherung« und hat eindeutig therapeutische Ziele, also die professionelle Behandlung einer Alkoholsucht. So steht es im Gesetz – und gilt seit über fünfzig Jahren.

Mit dieser gesetzlichen Regelung offensichtlich nicht einverstanden ist das Oberlandesgericht Hamm, das – soweit ersichtlich – erstmals in der deutschen Rechtsgeschichte eigene therapeutische Maßnahmen erfunden hat: Einen alkoholabhängigen Straftäter verurteilte das Gericht zu einer Freiheitsstrafe auf Bewährung und gab als Bewährungsanweisung die Abstinenz des Täters aus. Im Klartext: In den zwei Jahren Bewährungszeit darf der Verurteilte in Freiheit keinen Alkohol mehr trinken, sonst droht die Vollstreckung der Haftstrafe.

Das ist – leider – kein Witz. Man darf sich wundern: Vor allem darüber, dass ein solches Vorgehen im Lichte des Grundgesetzes außerordentlich fragwürdig erscheint, da es den Täter in seinem Grundrecht auf freie Entfaltung seiner Persönlichkeit einschränkt. Dazu gehört nämlich auch, dann Bier zu trinken, wenn man das möchte. Und zwar ungestraft. Wer nun einwendet, der Täter habe mit dieser Bewährungsauflage immerhin alles in der eigenen Hand und könne durch Abstinenz schließlich der drohenden Haftstrafe entgehen, irrt gewaltig. Denn das herausstechende Merkmal einer jeden Sucht, also auch der Alkoholsucht, liegt darin, dass man als Betroffener die Fäden des Handelns längst aus der eigenen Hand gegeben hat. Sucht braucht immer professionelle Hilfe. Dass die Richter des OLG dies übersahen und dem Täter eine solche praktisch unerfüllbare Weisung erteilten, dokumentiert erschreckende Ahnungslosigkeit. Gut durchdacht geht anders.

Oberlandesgericht Hamm — Aktenzeichen: 3 Ws 52/08

Mülltonnen auf der Flucht

Wie Strafgesetze passend gemacht werden

Dass Juristen gelegentlich auf skurrile Ideen kommen, ist bekannt. Leidtragender dieser Unsitte war auch ein Mann aus Berlin. Der hatte frühmorgens die zu seinem Haus gehörende fahrbare Mülltonne wie immer einige Meter über den Bürgersteig gerollt, um sie zu der Stelle zu bringen, an der sie von der Müllabfuhr geleert wird. Dabei entglitt ihm aber versehentlich die Tonne, fiel zur Seite und beschädigte ein am Straßenrand geparktes Auto. Nachdem er den heruntergefallenen Müll eingesammelt hatte, ging der Mann zurück ins Haus, um im Laufe des Tages den Autobesitzer ausfindig zu machen. Ein Passant, der den Vorgang beobachtet hatte, zeigte ihn allerdings vorher wegen »Unfallflucht« an.

Was zunächst wie ein schlechter Scherz klingt, bietet dem unbefangenen Betrachter ein schönes Beispiel für erstaunliche Gesetzesinterpretation. Denn nachdem das Amtsgericht die Anzeige zurückgewiesen hatte, hob das Landgericht Berlin diese Entscheidung wieder auf. Es handele sich bei dem Vorfall nämlich sehr wohl um einen Unfall »im Straßenverkehr«, wie er vom Strafgesetzbuch in Paragraf 142 gefordert werde – und deshalb hätte der Mann sich sofort bei der Polizei melden müssen. Wörtlich: »Im Vorbeischieben von auf Rollen beweglichen Mülltonnen an parkenden Fahrzeugen im öffentlichen Straßenraum, damit diese Tonnen später zum Müllfahrzeug gebracht werden können, verwirklicht sich gerade das besondere Risiko des fließenden Straßenverkehrs.«

Bedenkt man, dass Strafgesetze stets so ausgelegt werden müssen, dass sie auch für Nichtjuristen nachvollziehbar bleiben, ist diese Entscheidung ein Witz. Denn dass rollende Mülltonnen zum »fließenden Straßenverkehr« gehören, dürfte eher in eine Satire von Loriot als in ein strafrechtliches Urteil passen. Überhaupt haben die Gerichte bei der Unfallflucht höchst eigene Vorstellungen: Oder wer hätte gedacht, dass der bloße Zusammenstoß zweier Fußgänger auf dem Bürgersteig nach der Rechtsprechung ebenfalls zur strafbaren Unfallflucht wird, wenn einer der Beteiligten verschwindet. Unfallflucht begeht übrigens auch, wer auf dem Parkplatz eines Supermarktes mit dem Einkaufswagen ein Auto berührt und sich dann entfernt. Und Vorsicht bitte beim Reifenwechsel: Das Herunterfallen des Fahrzeugs vom Wagenheber mit anschließendem Verschwinden des Monteurs ist nach der Rechtsprechung selbstverständlich: strafbare Unfallflucht!

Landgericht Berlin — Aktenzeichen: 526 Qs 162/06

Wer nicht lernen will, muss fühlen!

Wie volljährige Kinder ihren Unterhaltsanspruch verlieren

Da wünscht man sich, im Augenblick der Urteilsverkündung im Gerichtssaal gewesen zu sein. Allein um für eine einzige Sekunde in das verblüffte Gesicht des Klägers zu sehen. Und zwar in das Gesicht eines fünfundzwanzigjährigen Studenten. Der hatte nämlich seine Eltern auf Unterhalt verklagt und bekam vom Oberlandesgericht Schleswig in deutlichen Worten mitgeteilt, dass mangelnde Motivation und Zielstrebigkeit die elterliche Pflicht, dem Kind eine Berufsausbildung zu finanzieren, tatsächlich aufheben können.

Der junge Mann hatte zunächst nach vier Semestern sein Elektrotechnik-Studium wegen Motivationsproblemen abgebrochen, dann nach zwei Jahren beschäftigungsloser Orientierungsphase auf Sozialpädagogik umgesattelt und ein weiteres Jahr später dann doch lieber Erzieher werden wollen. Als die inzwischen entnervten Eltern daraufhin die Unterhaltszahlungen einstellten, sah sich der Student von ihnen im Stich gelassen. Er klagte auf finanzielle Unterstützung und berief sich auf die elterliche Unterhaltspflicht im Bürgerlichen Gesetzbuch. Diese gelte schließlich auch für volljährige Kinder.

Dass diese Pflicht aber keinesfalls unbegrenzt und auch nicht bedingungslos eingefordert werden kann, erklärte das Gericht dem Studenten mit erfreulich klaren Ansagen: Zwar habe der Kläger grundsätzlich recht, denn das BGB verpflichte die Eltern zur Finanzierung der Berufsausbildung, sofern sich das Kind nicht selbst helfen könne. Und dies gelte natürlich auch für volljährige Kinder. Aber: »Der aus dem BGB folgende Anspruch auf Finanzierung der Berufsausbildung ist vom Gegenseitigkeitsprinzip geprägt. Der Verpflichtung der Eltern zum Unterhalt steht aufseiten des Kindes die Pflicht gegenüber, die Ausbildung mit angemessenem Fleiß und der gebotenen Zielstrebigkeit in üblicher Zeit aufzunehmen und auch zu beenden. Wenn das Kind es ohne nachvollziehbare Gründe versäumt, seine Ausbildung dementsprechend zu gestalten, büßt es den Unterhaltsanspruch ein. Es muss sich dann darauf verweisen lassen, den Lebensunterhalt durch Erwerbstätigkeit selbst zu verdienen.«

Fazit: Die Eltern sind kein Selbstbedienungsladen. Finanzieren sie eine Berufsausbildung, soll das Kind nach dem Willen des Gesetzgebers mit dieser Unterstützung sorgsam umgehen. Ein Mindestmaß an Motivation und Bereitschaft muss also vorhanden sein, sonst geht der Anspruch auf Unterhalt verloren.

Oberlandesgericht Schleswig — Aktenzeichen: 15 WF 225/07

Urlaub in der Gummizelle

Wenn Deutsche sich ungerecht behandelt fühlen

Beim Urlaub versteht der Deutsche bekanntlich keinen Spaß. Morgens um 6 Uhr flugs die Handtücher auf die Liegen, und wehe, es gibt zum Frühstück keinen vernünftigen deutschen Kaffee im (thailändischen) Hotel. Und selbstverständlich klagt kein Volk der Welt häufiger auf Herabsetzung des Reisepreises, wenn in den schönsten Wochen des Jahres dann doch nicht alles nach Wunsch verlaufen ist. Für so etwas gibt es schließlich Gerichte und Rechtsschutzversicherungen.

Dass hierbei bisweilen durchaus die Grenzen des guten Geschmacks überschritten werden, zeigt ein bemerkenswertes Urteil des Amtsgerichts München, das insbesondere die Freunde des gepflegten Freiluftschachs interessieren dürfte. Folgendes hatte sich zugetragen: Ein Familienvater war mit seinem neunjährigen Sohn nach Ägypten in den Urlaub gefahren. Alles prima so weit, die vierzehntägige Reise verlief nahezu reibungslos, bis sich am letzten Tage dann doch noch Dramatisches zutrug: Der Papa spielte mit einem anderen Urlauber auf der hoteleigenen Anlage eine Partie Freiluftschach. Dem Filius hingegen war es langweilig. Da der Vater dies aber beharrlich ignorierte, nahm der Junge sein Schicksal selbst in die Hand. Er rannte auf das Schachfeld und schmiss in seinem Zorn eine der Figuren um. Das Problem: Der umgeworfene Bauer war wie alle Figuren aus Stein, wog etwa fünfzehn Kilogramm und fiel dem stolpernden Kind auf die Hand, woraufhin der Mittelfinger brach.

Die klassische deutsche Konsequenz: eine von der Rechtsschutzversicherung gesponserte Klage gegen den Reiseveranstalter auf Schadensersatz und Schmerzensgeld! Der habe nämlich nach Meinung des Vaters seine Verkehrssicherungspflicht verletzt, da er den Zutritt des Kindes auf das Freiluftschachbrett durch entsprechende Vorkehrungen hätte verhindern müssen.

Angesichts dieses Unfugs platzte dem Richter dann der Kragen. Wörtlich heißt es im Urteil: »Der bedauerliche Unfall ist nicht ersatzpflichtig, hierbei handelt es sich nämlich nur um das Resultat der Verwirklichung des allgemeinen Lebensrisikos. Wollte man die von dem Kläger für erforderlich erachteten Sicherheitsmaßstäbe anlegen, könnte der Reiseveranstalter seiner Verkehrssicherungspflicht nur dadurch genügen, wenn er seine Gäste in Gummizellen unterbrächte. Die vorliegende Klage stellt einen Missbrauch des Gerichts, der Steuerzahler und mutmaßlich auch der unverständlich großzügigen Rechtsschutzversicherung dar.«

Amtsgericht München — Aktenzeichen: 262 C 7269/07

Sex and the german Justiz

Wie die amerikanische Kultserie das Verwaltungsgericht in Berlin beschäftigte

Wenn die vier hübschen Damen das wüssten! Einige Jahre nach Ausstrahlung der letzten regulären Folge der Kultserie im Dezember 2004 schafften es Carrie, Samantha, Charlotte und Miranda tatsächlich vor ein deutsches Gericht. In einem wahren Glanzstück unsinniger deutscher Justiz musste das Verwaltungsgericht in Berlin neulich allen Ernstes über folgende Frage entscheiden: Verstieß die am 20. Juli 2006 um 18 Uhr auf Pro7 ausgestrahlte Wiederholung der Folge »Drei sind einer zu viel!« gegen den Jugendschutz?

Und das kam so: In besagter Folge hatte sich Charlotte frisch verliebt. Wie immer natürlich in einen vermeintlichen Traummann, der allerdings ihr Liebesleben gleich beim zweiten Date um eine dritte Person erweitern wollte. Charlotte machte eher widerwillig mit, wandte sich anschließend aber schnell ab. War einfach nicht ihre Sache. Neben dem üblichen Geplänkel war es das dann auch schon. Wirklich anzügliche Szenen – wie immer bei dieser Serie: Fehlanzeige!

Die Medienanstalt Berlin-Brandenburg (MABB) hatte diese Folge im Jahre 2002 als »freigegeben nicht unter sechzehn

Jahren« eingestuft, was nach allgemeinen Regeln eine Ausstrahlung erst ab 20 Uhr im Abendprogramm ermöglicht. Nachdem die Sendung daraufhin bei der Erstausstrahlung im Jahr 2003 um 21.15 Uhr über den Sender ging, lief die Wiederholung am 20. Juli 2006 um 18 Uhr. Die MABB übermittelte nach einem erneuten langwierigen Prüfungsverfahren am 7. Januar 2007 eine Beanstandung an den ausstrahlenden Sender wegen Verstoßes gegen die Bestimmungen des Jugendmedienschutz-Staatsvertrages. In der Beanstandung teilte der Direktor der MABB dem Sender mit, im Falle einer nochmaligen Wiederholung dürfe die Folge keinesfalls vor 20 Uhr gesendet werden.

Hiergegen wandte sich der Sender und erhob Klage vor dem VG Berlin.

Und was dann folgte, hätte den vier Damen garantiert gefallen: Das VG Berlin begründete nach zwei Jahren Verfahrensdauer auf stolzen fünfundzwanzig Seiten eng geschriebenen Textes, warum gerade diese Folge tatsächlich für Jugendliche unter sechzehn Jahren nicht geeignet sei. Wörtlich heißt es im Urteil: »Für den jungen Zuschauer bleibt beim Anblick der Sendung lediglich eine Welt voller Sexualität mit ihren zahlreichen Problemen. Angesichts dessen kann das Wirkungsrisiko der sozialethischen Desorientierung nicht ausgeschlossen werden. Eine Verabsolutierung von Sexualität als einziger Lebensäußerung und einzigem Lebenssinn wird vermittelt; zärtliche, gefühlsbetonte Sexualität kommt nur selten vor. Die gezeigten Rollenbilder der Hauptdarstellerinnen können daher durchaus zu sexuellen Irritationen bei Jugendlichen führen.«

Die Konsequenzen dieses Urteils? Keine. Es ging nur ums Prinzip, die Sendung ist bis heute sowieso nie wieder von PRO 7 ausgestrahlt worden. Nicht mal nachts. Leider.

Verwaltungsgericht Berlin — Aktenzeichen: 27 A 61.07

Da steh ich nun, ich armer Thor!

Warum Goethe zum allgemeinen Lebensrisiko gehört

Dass Johann Wolfgang von Goethe vor seiner Karriere als Dichter und Denker schon mehrere Jahre als Jurist gearbeitet hat, ist bekannt. Er soll übrigens auch bei dieser Tätigkeit überdurchschnittlich begabt gewesen sein und unter anderem als Referendar am Reichskammergericht in Wetzlar bemerkenswerte Urteile formuliert haben. Ob Goethe es aber jemals für möglich gehalten hat, dass er bzw. sein »Faust« noch im dritten Jahrtausend die deutschen Gerichte beschäftigt, darf bezweifelt werden.

Und tatsächlich: Der Bundesgerichtshof hatte unlängst darüber zu entscheiden, ob ein Besucher einer »Faust«-Aufführung im hessischen Staatstheater in Wiesbaden Schadensersatz und Schmerzensgeld fordern kann, weil er nämlich infolge eines von einem Schauspieler während der Aufführung abgefeuerten Schreckschusses einen Hörschaden davongetragen hatte. Der Kläger war durch einen Tinnitus seit Jahren vorgeschädigt und meinte, das Theater hätte die Zuschauer vor der übermäßigen Geräuschbelastung warnen müssen und sei nun schadensersatzpflichtig.

Der BGH hat die Klage – übrigens anders als das zunächst angerufene Landgericht in Wiesbaden – in letzter Instanz abgewiesen, und zwar mit einer bemerkenswerten Begründung: Obwohl nach Ansicht des Gerichtes feststand, dass der Schuss deutlich über den gesundheitlich unbedenklichen Schalldruck hinausgegangen war und dies auch das Theater gewusst habe, sei der Kläger für den Schadenseintritt selbst verantwortlich. Denn er habe mit dem Besuch der Aufführung im Hinblick auf seinen Gesundheitszustand eigenverantwortlich ein Risiko geschaffen, dessen Verwirklichung er demnach auch allein zu tragen habe. Angesichts der Tatsache, dass vor dieser fraglichen Aufführung bereits dreiundzwanzigtausend Besucher in dreiundsiebzig vorherigen Veranstaltungen schadlos den Saal verlassen hätten, handele es sich um ein Unglück, das dem Theater nicht als Unrecht anzulasten sei.

Das klingt gerecht – und das ist es wohl auch. Der BGH hat hier mit dem für ein BGH-Urteil sehr unüblichen Wort »Unglück« treffend den Zustand umschrieben, dass es trotz erkennbarer Gefährdungsmöglichkeit und trotz größtmöglicher Sicherung dennoch nie eine absolute Garantie für eine schadensfreie Abwicklung von (Groß-)Veranstaltungen geben kann.

Wörtlich heißt es in dem Urteil dazu: »Eine Verkehrssicherung, die jede denkbare Schädigung ausschließt, ist im praktischen Leben nicht erreichbar. Kommt es unter besonders eigenartigen und entfernt liegenden Umständen ausnahmsweise doch zu einem Schaden, so muss der Geschädigte – so hart dies im Einzelfall sein mag – den Schaden selbst tragen.

Er hat ein Unglück erlitten, kann dies dem Schädiger aber nicht als Unrecht vorhalten«.

Goethe hätte nicht weiser urteilen können.

Bundesgerichtshof — Aktenzeichen: VI ZR 332/04

Sophia freut sich

Von der Schwierigkeit, sein Vermögen zu verschenken

Ich möchte jetzt mal Ihr Rechtsempfinden testen und bin gespannt, was Sie zu folgendem Fall sagen, der sich neulich in meinem Bekanntenkreis abgespielt hat: Mein Freund Rolf (Name geringfügig geändert) hat ein ziemlich altes Auto, bei dem der TÜV ablief und das dann verschrottet werden sollte. Das hatte Rolf während eines gemeinsamen Fußballguckabends so oft erzählt, dass der ebenfalls anwesende Hans-Gerd irgendwann meinte, dann könne er ihm den alten Wagen doch eigentlich schenken, er würde ihn nämlich gerne ausschlachten. Rolf fand die Idee prima, dann brauche er die Karre schließlich nicht selbst zu entsorgen. Und so wurde das Geschäft kurzerhand mit zwei anstoßenden Kölschgläsern besiegelt – und seitdem freute sich Hans-Gerd auf das Auto.

Und dann passierte es: Rolf rief mich irgendwann an und meinte, er hätte sich das inzwischen doch anders überlegt – ein Bekannter, der eine Tankstelle hat und sich »echt auskennt«, habe ihm nach kurzer Inspektion versprochen, den Wagen noch mal »locker durchzubringen«. Rolf wollte den Wagen jetzt doch behalten und nach erfolgreicher TÜV-Verlängerung lieber seiner Nichte Sophia, die nämlich kurz darauf achtzehn Jahre alt wurde, zu Weihnachten schenken. Ob das denn jetzt noch gehe?

Und hier kommt die Frage, was meinen Sie: Kann Hans-Gerd verlangen, dass Rolf ihm den Wagen überlässt? Die Lösung ist vergleichsweise verblüffend: Oder hätten Sie gedacht, dass nach dem Bürgerlichen Gesetzbuch ein Schenkungsversprechen grundsätzlich nur dann wirksam und verpflichtend ist, wenn es notariell beurkundet wird?

Kein Scherz, das steht tatsächlich so im BGB. Einzige Ausnahme: Die Schenkung wird sofort vollzogen. Wer also etwas verschenkt und das Geschenk dann – wie zum Beispiel bei einem Geburtstag, zu Weihnachten oder bei sonstigen Anlässen – direkt übergibt (sogenannte »Handschenkung«), kann sich den Notar sparen. In diesen Fällen wird der Mangel der notariellen Beurkundung nämlich durch den sofortigen Vollzug, also die Aushändigung der Sache, geheilt. Ansonsten aber ist man erstaunlicherweise nur dann an sein Schenkungsversprechen gebunden, wenn es eine entsprechende notarielle Beurkundung gibt.

Der Grund: Der historische Gesetzgeber wollte mit dieser Regel, die übrigens schon vor über hundert Jahren entstanden ist, den Schenker vor übereilten Erklärungen schützen. Wer also einfach mal so in der Kneipe oder bei einem feucht-fröhlichen Fußballguckabend sein Vermögen teilweise oder ganz verschenkt, soll erst dann wirklich daran gebunden sein, wenn er diese Erklärung auch vor einem Notar noch mal wiederholt. Vorher entsteht keine Rechtspflicht und somit auch kein Anspruch des Beschenkten.

Rolfs Nichte Sophia wird den Müttern und Vätern des BGB dafür zu Weihnachten vermutlich eine Kerze aufstellen.

§ 516 Bürgerliches Gesetzbuch (BGB)

Der Schikane-Schuppen

Mannheimer Richter geben Nachhilfe in Sachen Menschlichkeit

Eigentlich sollte man meinen, wer die gesetzlichen Vorschriften einhält, hat in unserem Land nichts zu befürchten und vor allem keinen Ärger mit den Behörden zu erwarten. Das leuchtet ein, deshalb gibt es ja auch überhaupt die Gesetze: damit man sich eben daran hält.

Diese Regel gilt allerdings, wie ein aufschlussreiches Urteil des Verwaltungsgerichtshofs in Mannheim zeigt, keinesfalls uneingeschränkt. Im Gegenteil, das penible Versteifen auf gesetzliche Normen kann bisweilen zu überraschenden Ergebnissen führen. Im konkreten Fall ging es um einen Nachbarschaftsstreit: Die Parteien hatten sich bereits über Jahre hinweg zahllose Kämpfe vor Gericht geliefert und dort ihre Feindseligkeiten ausgetragen. Einer der beiden Streithähne errichtete dann eines Tages auf seinem dreitausend Quadratmeter großen Wiesengrundstück nach Erhalt der erforderlichen Baugenehmigung einen zwölf Meter langen und fünf Meter hohen Geräte- und Brennholzschuppen. Dieser befand sich in einem Abstand von exakt zweieinhalb Metern (dem gesetzlichen Mindestabstand) vor der Terrasse seines Nachbarn und war so platziert, dass dem Nachbarn damit der Ausblick in die freie Landschaft komplett verbaut war. Der Bauherr gab an, er habe wegen einer angeblichen Überschwemmungsgefahr an keiner anderen Stelle bauen können und sich bei seinem Bauantrag im Übrigen genau an die Buchstaben des Gesetzes gehalten. Deshalb sei die Baugenehmigung auch zu Recht erteilt worden.

Der VGH Mannheim gab dem Kläger dennoch Recht und hob die Baugenehmigung wieder auf. Der feindselige Nachbar muss den Schuppen also wieder abreißen. Die Begründung des Gerichts ist bemerkenswert: Es komme nämlich nicht darauf an, ob der Bauherr die gesetzlichen Vorschriften eingehalten habe. Mit dem unmittelbar vor dem Wohnhaus seines Nachbarn errichteten Schuppen habe er offensichtlich nur dessen Schädigung bezweckt, ohne dass ein auch nur irgendwie schutzwürdiges Interesse an dem gewählten Standort zu erkennen sei. Auf dem großen und über zwanzig Meter tiefen Wiesengrundstück habe es eine Vielzahl von möglichen Standorten für den Schuppen gegeben, die hinsichtlich ihrer Erreichbarkeit und auch sonst zumindest gleichwertig gewesen wären. In einem solchen Fall sei das Gebot der menschlichen Rücksichtnahme eindeutig wichtiger als die gesetzlichen Normen zur Einhaltung von Bauabständen. Das Recht auf Rücksichtnahme stehe in diesem Falle über dem Gesetz.

Verwaltungsgerichtshof Mannheim — Aktenzeichen: 8 S 98/07

Dienstpflichten, die keiner braucht

Warum Beamte keinen Häftling lieben dürfen

Romantik gehört fraglos zu den Dingen, die man am allerwenigsten im Knast erwarten darf. Und nach deutschem Recht gehört sie dort offenbar auch nicht hin, wie vor Kurzem eine Justizvollzugsbeamtin aus Saarbrücken zu spüren bekam, die sich in einen Gefangenen verliebte – und deshalb ihre gesamte berufliche Existenz verlor.

Die Beamtin hatte sich – entgegen dem für JVA-Bediensteten gegenüber den Insassen geltenden »Distanzgebot« – im Frühjahr 2008 auf eine Beziehung zu einem Häftling eingelassen. Als ihr die Verheimlichung nach einigen Monaten über den Kopf wuchs und der Gefangene sie zudem massiv unter Druck setzte, gestand sie in ihrer Not der Anstaltsleitung ihr Verhalten. Verständnis allerdings erhoffte sie vergebens: Die JVA-Leitung verfügte umgehend eine vorläufige Dienstenthebung wegen eines »vorsätzlichen, äußerst schweren Dienstvergehens« – mit dem Ziel der Entfernung aus dem Beamtenverhältnis.

Das Oberverwaltungsgericht in Saarlouis kannte ebenso keine Gnade und bestätigte diese Entfernung. Die Eingehung und Verheimlichung der Beziehung zu einem Strafgefangenen stelle einen dauerhaften und schwerwiegenden Verstoß gegen die Kernpflichten von Bediensteten im Strafvollzug dar, der mit der Beendigung des Dienstverhältnisses zu ahnden sei. Auf die emotionale Ebene ließ sich das Gericht erst gar nicht ein. Wörtlich und ziemlich nüchtern heißt es: »Dem zunächst angerufenen Verwaltungsgericht ist darin zuzustimmen, dass auch eine tatsächliche Verliebtheit der Beamtin keine Rechtfertigung oder Entschuldigung der Verletzung ihrer Dienstpflichten bewirken kann. Es ist insbesondere kein Grund erkennbar, der es der Beamtin unmöglich oder unzumutbar schwer gemacht haben könnte, die Distanz zu dem Gefangenen als dienstrechtlich erforderliches Verhalten zu wählen.«

Die Konsequenzen der Gerichtsentscheidung sind für die Frau dramatisch. Nach dem gültigen Disziplinarrecht wird sie »aus dem Beamtenverhältnis entfernt«. Sie verliert damit jeden Anspruch auf Dienstbezüge und Versorgung sowie die Befugnis, die Amtsbezeichnung und die im Zusammenhang mit dem Amt verliehenen Titel zu führen. Sie darf zudem nie wieder zur Beamtin ernannt, und es soll auch kein anderes Beschäftigungsverhältnis mit dem Staat mehr eingegangen werden. Ein extrem hoher Preis, den das deutsche Recht hier für die Liebe verlangt.

Oberverwaltungsgericht Saarlouis — Aktenzeichen: 6 B 289/09

Rocker in Roben

Düsseldorfer Gericht macht Werbung für Harley Davidson

Werbung hat vor Gericht selbstverständlich nichts zu suchen. Es geht schließlich ums Recht. Es sei denn, die Richter sind Freunde des Produkts, um das gerade gestritten wird. Kaum zu glauben, aber die folgende Geschichte stand vor dem Oberlandesgericht Düsseldorf neulich zur Entscheidung:

Ein Mann hatte mit seiner »Harley Davidson Electra-Glide« schuldlos einen Verkehrsunfall erlitten, bei dem das edle Gefährt einen erheblichen Schaden davontrug. Die Reparatur des Zweirades dauerte exakt achtundsiebzig Tage, für die der Kläger nun Nutzungsausfall in Höhe von 5148 Euro (78 x 66 Euro) verlangte. Das Problem: Während dieser Zeit stand ihm sein eigenes Auto zur Verfügung, das er für die nötigen Fahrten als Transportmittel anstelle des Motorrades auch nutzte. Und mit genau diesem Argument verweigerte die verklagte Versicherung die Zahlung, da ein Nutzungsausfall bei Kraftfahrzeugen immer voraussetzt, dass der Geschädigte während der Reparaturzeit nicht auf ein anderes, zumutbares Ersatzfahrzeug zurückgreifen kann. Wer also etwa einen Zweitwagen in der Garage stehen hat, kann bei einer Beschädigung seines anderen Autos in der Regel keinen Nutzungsausfall verlangen – ihm steht ja noch ein Fahrzeug zur Verfügung. Die interessante Frage war nun aber, ob diese Regel auch dann gilt, wenn das beschädigte Fahrzeug ein Motorrad ist und der Geschädigte während der Reparaturzeit alternativ sein Auto nutzt. Im Klartext: Kann man einen Harley-Fahrer nach einem Unfall auf die Benutzung seines Autos verweisen und ihm damit für die Dauer der Reparatur den Nutzungsausfall für das Motorrad absprechen?

Das OLG Düsseldorf meint: Nein! Die Begründung liest sich wie ein Werbetext der amerikanischen Edelmarke. Wörtlich heißt es: »Der hier zu bewertende Gebrauchsvorteil des Motorrads wird durch die Nutzung des Pkws nicht ersetzt. Die beschädigte Maschine ist nämlich ein Motorrad der Luxusklasse. Die Benutzung dieses besonderen Fahrzeugs befriedigt zwar einerseits das übliche Bedürfnis nach Mobilität, bietet andererseits aber ein im Vergleich zu einem Pkw völlig anderes Fahrgefühl und auch eine andere Art der Fortbewegung. Gerade dieses besondere Gefühl hat sich der Kläger mit dem Erwerb der Harley-Davidson erkauft. Mit der Nutzung des Pkws konnte der Kläger demgegenüber nur die reine Funktion als Transportmittel ausgleichen. Der darüber hinausgehende Nutzungswert des Luxusmotorrades ist dem Kläger aber ›fühlbar‹ entgangen, sodass ein entsprechender Entschädigungsanspruch gerechtfertigt ist«.

Oberlandesgericht Düsseldorf — Aktenzeichen: 1 U 198/07

Wenn die Liebe hinfällt

Wie Oldenburger Richter einen abtrünnigen Ehemann schützen

Dass der Umgang mit den Schwiegereltern bisweilen zu emotionalen Komplikationen führen kann, ist hinlänglich bekannt. Weniger bekannt dürfte sein, dass die Verbitterung der Beteiligten in Grenzfällen durchaus schon mal vor Gericht endet, wie ein Fall zeigt, der dem Oberlandesgericht Oldenburg zur Entscheidung vorlag: Offenbar äußerst fürsorgliche Eltern hatten ihrer Tochter angeboten, sie könne mit dem frisch angetrauten Ehemann zu ihnen in das elterliche Haus ziehen. Voraussetzung sei aber, dass der handwerklich begabte Gatte eine Generalrenovierung an dem Haus vornehme und insbesondere den Dachboden zu einer Wohnung ausbaue. Dort sollten die Vermählten dann nach Vorstellung der Eltern einziehen. Vermutlich aus Liebe ließ der Ehemann sich auf diesen Handel ein und investierte insgesamt 25.000 Euro und ein halbes Jahr Arbeit, bis das Haus schließlich renoviert und die Dachwohnung bezugsfertig war. Exakt vier Monate später verliebte er sich dummerweise in eine andere Frau und zog daraufhin aus der von ihm selbst ausgebauten Dachwohnung wieder aus. Die Ehe wurde geschieden.

Vor Gericht kam die Geschichte, weil der Mann nun von den Schwiegereltern Geldersatz für die erbrachte Arbeitsleistung am Haus verlangte: Schließlich habe er die Renovierung nur auf deren Veranlassung und in Erwartung einer lang andauernden Ehe vorgenommen. Dass die Umstände sich so rasch ändern, habe er nicht voraussehen können.

In dieser emotional schwierigen Lage behielt das OLG den Überblick, legte die gesetzlichen Vorschriften ziemlich trocken aus und gab dem abtrünnigen Ehemann damit letztlich Recht: Zwar sei die Verbitterung der Schwiegereltern über die gescheiterte Ehe verständlich. Dies entbinde aber nicht davon, eine Geldentschädigung an den verlorenen Schwiegersohn zu zahlen. Das Haus habe nämlich rein objektiv durch die Renovierung eine erhebliche Wertsteigerung erfahren. Zudem hätten die Schwiegereltern die Arbeiten in Erwartung einer langen Ehe selbst in Auftrag gegeben. Trete dieser beabsichtigte Zweck nicht ein, entfalle aber auch der Rechtsgrund für die erbrachten Arbeitsleistungen. Warum die Ehe gescheitert und der Mann ausgezogen sei, bleibe dabei unbeachtlich. Das Gesetz nehme insoweit nämlich keine Wertung vor.

Neutralität ist der Schmuck einer jeden Rechtsordnung.

Oberlandesgericht Oldenburg — Aktenzeichen: 15 UF 19/07

Coffee and law

Duisburger Rechtsanwälte auf Kundenfang

Derzeit gibt es in Deutschland ungefähr einhundertvierzigtausend zugelassene Rechtsanwälte. Im Vergleich zu den neuntausend tätigen Staatsanwälten und rund zwanzigtausend Richtern ist das eine gewaltige Zahl. Seit vor einigen Jahren das Werbeverbot für Anwälte gefallen ist, tummeln sich die Advokaten nun auf einem ganz neuen Geschäftsfeld. Die Frage lautet nämlich: Wie binde ich die Kundschaft bloß an meine Kanzlei?

Dass den Rechtsanwälten bei der Beantwortung dieser Frage bisweilen jegliche Wahrnehmung für die Grenzen der anwaltlichen Standesregeln abhandenkommt, dokumentiert ein skurriler Fall, den das Oberlandesgericht Düsseldorf kürzlich zu entscheiden hatte. Passiert war Folgendes: Unter dem Titel »Coffee and law« hatten zwei Anwälte aus Duisburg mit einem Flyer großflächig für eine anwaltliche Erstberatung in einem lokalen Café geworben. Diese Beratung sollte zu einem Pauschalbetrag von jeweils 20 Euro – eine Tasse Kaffee übrigens inklusive – erfolgen und in eine »klare Empfehlung, ob und was im jeweiligen Fall zu tun ist« einmünden. Hintergrund war die von den Rechtsanwälten angeblich festgestellte

Scheu der potenziellen Mandantschaft, eine Anwaltskanzlei überhaupt zu betreten. Diese Angst sollte nun im Café »in lockerer Atmosphäre« bei einem maximal fünfzehnminütigen Rechtsgespräch vertrieben, die Kundschaft damit angelockt und im günstigsten Fall sogar gebunden werden.

Selbst wenn man von den teilweise existenziellen Nöten mancher Rechtsanwälte weiß, darf man sich wundern. Was dann auch das OLG Düsseldorf tat, die Veranstaltung verbot und den beiden Anwälten im Urteil gehörig die Leviten las: Eine »öffentliche Fließbandberatung« im 15-Minuten-Takt widerspreche nämlich nicht nur jeglicher anwaltlichen Sorgfaltspflicht und damit dem Standesrecht. Sie täusche im Übrigen dem ahnungslosen, Recht suchenden Bürger eine in dieser Zeit in der Regel unmögliche sachgerechte Beratung vor. Zudem verschleiere sie die eigentlichen Absichten der Rechtsanwälte, nämlich Kunden zur weiteren, teureren Beratung zu gewinnen. Schließlich verletze diese Cafe-Beratung wegen möglicher Mithörer an Nachbartischen offenkundig auch die berufliche Verschwiegenheitspflicht der Anwaltschaft.

Die beiden Rechtsanwälte werden sich dank des OLG Düsseldorf zukünftig also wieder mit redlicher Arbeit das Vertrauen der Kundschaft und ihre Gebühren verdienen müssen.

Oberlandesgericht Düsseldorf — Aktenzeichen: 20 U 54/07

Kleider machen Leute

Von renitenten Anwälten und verbitterten Richtern

Wer als Rechtsanwalt über ein Mindestmaß an Anstand verfügt, trägt vor Gericht eine Robe und im günstigsten Fall dazu ein Hemd und eine dezente Krawatte. Das hat etwas mit Respekt gegenüber den Beteiligten des Gerichtsverfahrens und einem würdevollen Auftreten zu tun und steht – zumindest was die Robe angeht – so auch ausdrücklich in Paragraf 20 der Berufsordnung für Anwälte. Die meisten halten sich auch daran.

Seit Jahrzehnten ungeklärt ist aber die Frage, welche Befugnisse eigentlich ein Richter hat, wenn ein Anwalt sich dennoch beharrlich weigert, die Kleiderordnung einzuhalten. Das Bundesverfassungsgericht hatte im Jahre 1970 in einem Nebensatz lediglich festgestellt, dass ein Gericht zumindest für einen einzelnen Verhandlungstermin einen solchen Anwalt ablehnen kann (Az: 1 BvR 226/69). Seitdem aber herrscht Funkstille.

Das könnte sich ändern, denn das Landesarbeitsgericht Niedersachsen hat eine wegweisende Entscheidung getroffen, und zwar völlig überraschend zugunsten der kleiderunwilligen Anwälte: Ein Rechtsanwalt war vor dem Arbeitsgericht zur Verhandlung ohne Robe erschienen. Auf eine entsprechende Nachfrage des Richters erklärte der Anwalt, er habe beschlossen, vor dem Arbeitsgericht grundsätzlich keine Berufskleidung mehr zu tragen. Der erboste Richter schloss den Advokaten daraufhin kurzerhand von der Verhandlung aus. Und zwar wegen ungebührlichen Verhaltens gegenüber dem Gericht.

Zu Unrecht! Das Landesarbeitsgericht (LAG) hob diese Entscheidung jetzt auf und sprach dem Gericht die Befugnis ab, einen Anwalt, der keine Robe trägt, von der Verhandlung auszuschließen. Die Begründung dürfte für weitere Vorfälle Pilotcharakter haben: Das Gericht stellte nämlich schlicht fest, dass es für eine solche Maßnahme keine gesetzlich verankerte Stütze gibt. Wörtlich: »Es kann zunächst dahinstehen, ob ein Rechtsanwalt überhaupt verpflichtet ist, während der Gerichtsverhandlung eine Robe zu tragen. Das Gesetz gibt dem Vorsitzenden aber jedenfalls kein Recht, das Nichttragen der Robe mit einem Ausschluss zu sanktionieren. Hierbei handelt es sich nämlich um einen schwerwiegenden Eingriff in die Rechte sowohl des Anwalts als auch der von ihm vertretenen Partei. Der Richter darf die Verletzung der Kleiderordnung daher allenfalls rügen oder etwa eine Vertagung in Betracht ziehen. Der Ausschluss aus der Verhandlung aber ist stets unzulässig.«

Landesarbeitsgericht Niedersachsen — Aktenzeichen: 16 Ta 333/08

Allgemeines Lebensrisiko: Rechtsanwalt

Warum man einen Advokaten nicht auf Schmerzensgeld verklagen kann

Die Frage beschäftigt schon seit Jahrzehnten die deutsche Anwaltschaft: Muss eigentlich ein Rechtsanwalt Schmerzensgeld zahlen, wenn durch seinen Fehler, also durch eine klassische Falschberatung, dem eigenen Mandanten schweres seelisches Leid widerfährt?

Der Bundesgerichtshof hat nun in einem spektakulären Fall den Rechtsanwälten Rückendeckung gegeben. Folgendes Drama hatte sich ereignet: Ein Ehepaar aus Frankfurt suchte anwaltliche Hilfe. Die beiden fünfjährigen Söhne hatten beim Hantieren mit Wunderkerzen das von der Familie angemietete Haus in Brand gesetzt und einen Schaden von 600.000 Euro verursacht. Die verzweifelten Eltern beauftragten daraufhin einen Anwalt und baten um Auskunft, ob sie den Schaden am Haus zu tragen hätten. Der Jurist war nun leider ziemlich schlecht informiert und erklärte den Eltern im konkreten Falle fälschlich, die private Haftpflichtversicherung komme für den Schaden nicht auf, und sie hätten die Kosten somit selbst zu tragen. Das Ehepaar erlebte nach dieser Hiobsbotschaft in den Folgewochen schwerste psychische Belastungen bis hin zur vollständigen Schlaflosigkeit, Dauerpanik und posttraumatischen Störungen. Erst ein durch Zufall eingeschalteter zweiter Anwalt klärte die Eltern Monate später über den Irrtum des Kollegen auf.

Und dann wurde es richtig interessant: Das Ehepaar forderte nämlich für die Falschberatung und das damit verbundene wochenlange schwere psychische Leid ein umfangreiches Schmerzensgeld von seinem ersten Anwalt.

Zu Unrecht, wie jetzt der BGH in letzter Instanz entschied – und zwar wenig mitfühlend, dafür aber mit hochinteressanter Begründung: Zwar habe der Anwalt durch die fehlerhafte Auskunft schuldhaft seine vertraglichen Pflichten verletzt und bei den Mandanten großes seelisches Leid verursacht. Ein Anspruch auf Schmerzensgeld folge daraus aber nicht. Der Anwalt sei nämlich von Anfang an nur damit beauftragt gewesen, Auskünfte über die vermögensrechtliche Abwicklung des Brandes zu geben. Für die Gesundheit des Ehepaares im Falle einer Falschauskunft sei er aber nicht verantwortlich und trage auch keine diesbezüglichen Pflichten. Wörtlich: »Die psychische Verarbeitung fehlerhafter Auskünfte ist regelmäßig dem Empfänger der Auskunft zuzurechnen. Diese Belastungen gehören zum allgemeinen Lebensrisiko und können daher keine Schmerzensgeldansprüche gegen den Anwalt begründen.«

Bundesgerichtshof — Aktenzeichen: IX ZR 88/08

Im Namen des Herrn

Kirchenglocken vor deutschen Gerichten

Das mag man im ersten Moment nicht glauben: Da bimmelt eine Kirchenglocke morgens um 6 Uhr mit dem Angelus-Geläut jeden Tag die gesamte Nachbarschaft aus den Betten – und die deutsche Justiz streitet sich erst mal ausgiebig über das zuständige Gericht.

So geschehen: Das Bundesverwaltungsgericht hatte zu entscheiden, ob sich ein Nachbar das allmorgendliche Wecken durch die ansässige Kirche bieten lassen musste. Zur Frage, inwieweit bezüglich der Klage gegen die Kirche eine sogenannte »öffentlich-rechtliche« Streitigkeit vorliege und demnach das Verwaltungsgericht zuständig sei, mussten zunächst zwei Instanzgerichte bemüht werden, bis das BVerwG schließlich eine bis heute geltende, erstaunliche Regel aufstellte: Sofern es sich bei der Lärmbelästigung durch die Glocken lediglich um das Ansagen der Zeit handelt (»Zeitschlagen«), kann die Kirche sich nicht mehr auf die grundgesetzlich garantierte Religionsfreiheit berufen und damit höhere Grenzwerte des Immissionsschutzgesetzes beanspruchen. Denn das Zeitschlagen, das in früherer Zeit den Menschen traditionell noch den Tages- und Lebensrhythmus vorgab, gehöre heute nicht mehr zur kirchlichen Tätigkeit im ursprünglichen Sinne. Deshalb müsse ein Streit auch vor einem normalen Zivilgericht nach rein nachbarschaftsrechtlichen Gesetzen ausgetragen werden. Es handele sich hierbei um eine herkömmliche Lärmbelästigung wie etwa die von einer Rathausuhr.

Anders sei das aber zu beurteilen, wenn die gleiche Glocke aus sakralen Gründen läute: Ruft die Kirche etwa zum Gottesdienst, huldigt dem gerade gewählten Papst oder lässt anlässlich eines Kirchentages die Glocken läuten, dann unterliegen diese Lärmbelästigungen zwar auch dem Immissionsschutzgesetz. Dieses gelte dann aber nur eingeschränkt, denn hier entfalte sich die Religionsfreiheit des Grundgesetzes in Form klassischer kirchlicher Tätigkeit. Dieses Läuten stelle für die Bürger eine »zumutbare, sozialadäquate Einwirkung« dar, die geduldet werden müsse. Rechtsstreitigkeiten darüber seien wegen des tangierten Grundgesetzes »öffentlich-rechtlich« und nur vor dem Verwaltungsgericht zulässig. Damit gilt: Eine Glocke – zwei Gerichte.

Übrigens: Der bedauernswerte Nachbar, der täglich morgens um 6 Uhr vom Angelus-Geläut geweckt wurde, verlor seinen Prozess. Das BVerwG erklärte ihm, dass das Angelus-Geläut die Gemeindemitglieder »zu Beginn des Tagwerks zum Gebet aufrufe, dadurch die Verkündigung der christlichen Botschaft als die zentrale Aufgabe der Kirche vollziehe und ein Zeichen der Präsenz der Kirche in der Gesellschaft setze«. So sei es.

Bundesverwaltungsgericht — Aktenzeichen: 7 C 44/81

Straftaten an der Buche

Warum man Suchmeldungen an Bäumen nicht abreißen sollte

Sie haben doch bestimmt auch schon mal so ein an einen Baum geheftetes Zettelchen mit der flehenden Aufschrift gesehen: »Kater entlaufen, grau getigert, hört auf den Namen »Einstein« – zahle 500 Euro Belohnung!«. Wer jemals selbst eine Katze hatte, kann die Not und die Verzweiflung dieser Menschen nachvollziehen.

Aber hätten Sie gedacht, dass sich hinter diesem Zettelchen meist nicht nur ein mittleres persönliches Drama, sondern tatsächlich auch eine rechtlich höchst verbindliche Erklärung verbirgt? Kein Scherz. Das Ganze nennt man in der Juristerei »Auslobung«, und diese Auslobung hat einen ganz besonderen Charakter: Sie verpflichtet nämlich den Verfasser zum einen dazu, das dort getätigte Versprechen auch wirklich einzuhalten. Wer also die entlaufene Katze zurückbringt, hat einen rechtsgültigen Anspruch auf die ausgesetzte Belohnung, die er im Zweifel sogar vor Gericht einfordern kann. Und jetzt der Clou: Das gilt selbst dann, wenn man als Katzenfinder den Zettel niemals gesehen hat und demzufolge von der Belohung auch gar nichts wusste. Das steht in der Tat so in Paragraf 657 des Bürgerlichen Gesetzbuchs. Wer also die Katze findet und zum Beispiel erst später von einem Freund oder Nachbarn von der Belohung erfährt, hat dennoch einen Anspruch auf Auszahlung des Geldes.

Und noch etwas: Das Zahlungsversprechen auf dem Zettelchen gilt sogar für Kinder. Eigentlich sind Kinder unter sieben Jahren nach dem BGB noch nicht geschäftsfähig, was hier aber interessanterweise keine Rolle spielt. Der Gesetzgeber billigt den Anspruch ausnahmsweise auch den Allerkleinsten zu, denn es ist nicht einsehbar, warum Kinder hier benachteiligt werden sollen. Schließlich verpflichten sie sich ja zu nichts. Und deshalb steht auch einem Sechsjährigen, dem zufällig der oben erwähnte »Einstein« zuläuft, der Anspruch auf Auszahlung der Belohnung zu.

So, und ganz zum Schluss muss ich Sie jetzt noch warnen: Dieses Zettelchen am Baum ist nämlich – auch wenn man das kaum für möglich hält – im strafrechtlichen Sinne eine Urkunde. Überraschende Konsequenz: Wenn Sie diese Urkunde vom Baum reißen und in den Mülleimer werfen, etwa weil Sie meinen, so ein Zettelchen gehöre nicht an den schönen Baum oder der Verfasser solle seine Katze gefälligst selber suchen, machen Sie sich strafbar! Und zwar wegen »Urkundenunterdrückung«. Steht tatsächlich so in Paragraf 274 des Strafgesetzbuches (StGB). Es drohen: Freiheitsstrafe bis zu fünf Jahren oder Geldstrafe.

Kaum zu glauben: Auch ein lausiges kleines handgeschriebenes Zettelchen, angeheftet an eine alte Buche, kann rechtlich beachtliche Wirkungen haben. Es begründet – wie gesehen – sowohl vor Gericht durchsetzbare Ansprüche als auch unter Umständen strafrechtlich relevantes Verhalten.

§ 657 Bürgerliches Gesetzbuch (BGB); § 274 Strafgesetzbuch (StGB)

Schlummern im Süden kann teuer werden

Wer am Strand einschläft, ist nicht versichert

Wer sich am Strand in der Sonne räkelt, ahnt natürlich nichts. Aber ich muss Sie warnen: Schlafen Sie bitte nicht in der Sonne ein! Sonst ergeht es Ihnen nämlich unter Umständen wie einer bedauernswerten Kölnerin, die das folgende tragische Unglück erlitt: Die Frau legte sich mittags an einem Strand auf Teneriffa unter ihren Sonnenschirm und schlummerte ein. Was sie nicht bedacht hatte: Während sie schlief, veränderte sich natürlich der Sonnenstand, und die Sonne schien ihr schon nach wenigen Minuten auf den Kopf. Als sie eine knappe Stunde später erwachte, stand sie dummerweise gleich auf, erlitt wegen der Überhitzung einen Kreislaufzusammenbruch und stürzte mit dem Hinterkopf mit voller Wucht auf den Betonrand eines Blumentopfes. Für die leider katastrophalen (lebenslangen) Folgen dieses Sturzes forderte die Frau bzw. ihr Anwalt anschließend umfangreiche Leistungen von der privaten Unfallversicherung.

Zu Unrecht, wie der Bundesgerichtshof jetzt in letzter Instanz zur Überraschung aller Beteiligten entschied. Die Versicherungspflicht sei ausgeschlossen, so der BGH, da es sich bei dem Sturz um einen Unfall im Zustand einer vorübergehenden »Geistes- oder Bewusstseinsstörung« gehandelt habe. Dafür aber müsse die Versicherung nach den gültigen Versicherungsbedingungen nicht einstehen. Einzige Ausnahme: Diese Unfälle unterliegen gleichwohl dem Versicherungsschutz, wenn die den Unfall verursachende Bewusstseinsstörung ihrerseits vorher durch einen anderen Unfall herbeigeführt worden ist.

Davon aber könne im vorliegenden Fall nicht die Rede sein: Die Frau sei lediglich eingeschlafen und habe wegen des später veränderten Sonnenstandes die starke Einstrahlung auf den Kopf und den Kreislaufzusammenbruch erlitten. »Einschlafen« aber sei eindeutig kein Unfall im Sinne des Versicherungsrechts, sondern ein freiwilliger innerer Vorgang. Der spätere Kreislaufzusammenbruch (die »Bewusstseinsstörung«) mit dem anschließenden Sturz sei also logischerweise nicht durch einen Unfall, sondern durch das eigenmächtige Handeln bzw. Schlafen der Frau verursacht worden. Tragische Konsequenz: Keine Leistungen aus der privaten Unfallversicherung.

Fazit: Wer in der Sonne einschläft, malträtiert je nach Dauer nicht nur seine Gesundheit, sondern steht im Falle eines anschließenden Unfalls versicherungsrechtlich buchstäblich im Regen.

Bundesgerichtshof — Aktenzeichen: IV ZR 219/07

Parken als Notwehr

Warum Kundenparkplätze ziemlich gefährlich sind

Wenn Sie mir versprechen, dass Sie es für sich behalten können, verrate ich Ihnen ein Geheimnis: Auch noch so penible Juristen tun gelegentlich Dinge, die eigentlich nicht so ganz astrein sind. Und wenn ich gerade »Juristen« geschrieben habe, meine ich damit ehrlicherweise: mich.

Tatsächlich parke ich leidenschaftlich gerne auf sogenannten »Kundenparkplätzen«. Mein Problem: In der Regel bin ich gar kein Kunde des entsprechenden Geschäfts, sondern finde nur keinen anderen Parkplatz. Und in solchen Situationen freue ich mich dann über den Parkplatz des zum Beispiel zufällig in unmittelbarer Nähe gelegenen Supermarktes. Na ja, und das dort aufgestellte Schild »Kundenparkplatz« beeindruckt mich dann auch nicht wirklich. Tatsächlich habe ich sogar irgendwie das Gefühl, ich darf das.

Wenn Sie in Ihrem Leben schon mal mit dem Auto durch das Zentrum einer beliebigen größeren deutschen Stadt gefahren sind, dann wissen Sie, was ich meine. Angesichts der grausigen Parkplatzsituation empfinde ich die Benutzung dieser Kundenparkplätze mittlerweile sogar als eine Art Notwehr.

Was rechtlich betrachtet natürlich völliger Blödsinn ist. Und was das für ein Blödsinn ist, haben kürzlich nahezu zeitgleich die Landgerichte in Hamburg (Aktenzeichen: 320 S 100/07) und in Magdeburg (Aktenzeichen: 1 S 70/08) entschieden. Achtung: »Parkt ein Fahrer seinen Pkw ohne Befugnis auf dem als ›Kundenparkplatz‹ ausgewiesenen Parkplatz eines Supermarktes, ist der Geschäftsinhaber im Wege der Selbsthilfe zum sofortigen Abschleppen berechtigt. Er kann in diesem Fall die Abschleppkosten vom Fahrer des parkenden Fahrzeugs vollständig ersetzt verlangen.«

Hört, hört! Und es kommt noch besser, also eigentlich noch schlimmer: Das Landgericht in Hamburg hat zudem nämlich noch festgestellt, dass es zumindest in der Hansestadt inzwischen üblich und rechtlich durchaus zulässig ist, dass die Supermarktbetreiber eigene Abschleppunternehmen pauschal damit beauftragen, ihre Parkplätze zu kontrollieren und im Falle unbefugten Parkens die entsprechenden Fahrzeuge sofort kostenpflichtig zu entfernen. Das ergebe sich daraus, dass der Parkplatz schließlich dem jeweiligen Geschäft gehöre und der Inhaber natürlich bestimmen und jederzeit kontrollieren dürfe, wer unter welchen Bedingungen dort parke. Und wenn dort »Kundenparkplatz« geschrieben stehe, sei der Kreis der zum Parken befugten Personen eindeutig bestimmt. Wer diesen Hinweis nicht beachte, handele widerrechtlich und müsse demnach mit dem kostenpflichtigen Abschleppen seines Fahrzeugs rechnen.

Und diese Praxis hat der Bundesgerichtshof mittlerweile sogar dann für zulässig erachtet, wenn auf dem Parkplatz durchaus noch viele Freiflächen bestanden und man somit konkret niemanden am Parken gehindert hat. Alles egal! Wer unbefugt auf einem Kundenparkplatz parkt, darf kostenpflichtig abgeschleppt werden.

Bundesgerichtshof — Aktenzeichen: V ZR 144/08

Mick Jagger vs. Martinshorn

Warum man keine Rettungswagen rammen sollte

Was für ein Horrorszenario! Stellen Sie sich vor, Sie tuckern gemütlich mit Ihrem Wagen durch die Stadt, im Radio läuft gerade »Jumpin Jack Flash« von den Rolling Stones, Sie drehen den Lautstärkeregler auf 99, fahren bei Grün ahnungslos in eine Kreuzung und dann – knallt es. Ihr Problem: Sie haben soeben einen mit Blaulicht und Martinshorn von links kommenden Rettungswagen, dessen Signale Sie wegen Mick Jagger nicht gehört haben, gerammt.

So oder so ähnlich muss es sich letztens in Darmstadt zugetragen haben. Die Fahrerin des Pkws und die Versicherung des Rettungswagens trafen sich anschließend vor dem Landgericht, um die Haftungsfrage zu klären – zum Glück ging es nur um Blechschäden, da der Wagen auf dem Weg zum Einsatzort unterwegs war und bis auf die Sanitäter noch niemanden an Bord hatte.

Interessant ist der Fall deshalb, weil das Landgericht (LG) die Umstände nicht abschließend klären konnte und daher entscheiden musste, wie die rechtliche Abwicklung bei einer Kollision mit einem Rettungswagen grundsätzlich zu regeln ist. Und dabei kam Erstaunliches heraus: Zunächst räumte das

Gericht den weit verbreiteten Irrtum aus, dass bei einer solchen Kollision stets der beteiligte Autofahrer die alleinige Schuld trage. Vielmehr gilt Folgendes: Zwar haben Rettungswagen, die mit Blaulicht und Martinshorn unterwegs sind, ein sogenanntes »Wegerecht« aus Paragraf 38 der Straßenverkehrsordnung, das ihnen auf den Straßen einen Vorrang gewährt und insbesondere zur Abweichung von den Verkehrsregeln berechtigt. Des Weiteren ordnen die Signale der Wagen für die übrigen Verkehrsteilnehmer an, dass »sofort freie Bahn zu schaffen ist«. Aber: Trotz dieser Regeln darf der Fahrer des Rettungswagens keinesfalls einfach drauflosfahren. Dazu das LG Darmstadt: »Die Sorgfaltspflichten des Fahrers des Rettungswagens wiegen besonders schwer, weil er sich bei der Einsatzfahrt über die eigentlichen Verkehrsregeln hinwegsetzt. Insbesondere bei der Einfahrt in eine Kreuzung bei ›feindlichem Grün‹ muss der Fahrer daher besonders vorsichtig sein und darf erst dann die Fahrt fortsetzen, wenn er sich vergewissert hat, dass die Fahrbahn frei ist. Bestehen hieran Zweifel, muss er notfalls anhalten.« (Aktenzeichen: 21 S 19/08)

Da im konkreten Fall nicht geklärt werden konnte, warum die Frau das Martinshorn erst zu spät gehört hatte und der Rettungswagenfahrer offenbar auch unaufmerksam war, wurde der Schaden hälftig geteilt.

Fazit: Wer das Martinshorn hört, muss schleunigst »freie Bahn schaffen«. Dazu ist man als Verkehrsteilnehmer nicht nur gesetzlich verpflichtet, sondern erfüllt auch eine selbstverständliche Pflicht, denn schließlich geht es zumeist um die

Rettung verletzter Personen. Wer dies missachtet, muss mit Schadensersatzforderungen rechnen. Allerdings muss auch der Rettungswagen vorsichtig agieren, drauflosfahren gestattet das Gesetz nicht. Ach ja: Hätte das LG Darmstadt im konkreten Fall nachweisen können, dass die Frau tatsächlich wegen der Rolling Stones den Rettungswagen nicht gehört hat, hätte sie die überwiegende oder sogar alleinige Schuld am Unfall getroffen. Man ist als Autofahrer nämlich verpflichtet, jederzeit auf entsprechende Signale eines Rettungswagens zu achten. Das hat das OLG Düsseldorf schon 1983 entschieden.

Oberlandesgericht Düsseldorf — Aktenzeichen: 1 U 136/83

Links blinken – rechts fahren

Die merkwürdige deutsche Rechtsprechung bei Kreuzungsunfällen

Das Problem stellt sich jedem Autofahrer täglich zig Male: Man fährt auf eine Kreuzung zu, von rechts und/oder links kommen andere Fahrzeuge, und die Frage lautet natürlich: Wer hat Vorfahrt? Die Regel »Rechts vor links!« kennt jeder – und sofern man die Augen offen hält, die aufgestellten Verkehrsschilder und die Blinker (»Fahrtrichtungsanzeiger«) der anderen Fahrzeuge beachtet, geht meistens alles glatt.

Sollte man jedenfalls meinen. Dass man trotz Beachtung dieser Regeln dennoch in die Haftung gezogen werden kann, zeigt ein interessantes Urteil des Oberlandesgerichts Köln: Ein Fahrer stand mit seinem Wagen an einer Einmündung und wollte nach links in die Vorfahrtsstraße abbiegen. In einer Entfernung von etwa fünfzig Metern sah er von links ein Fahrzeug kommen, dessen rechter Blinker gesetzt war. Im Vertrauen darauf, dass der Wagen tatsächlich nach rechts abbiegen würde, fuhr der Mann los. Es kam anschließend zum Zusammenstoß, denn der rechts blinkende Wagen war trotz des Blinkzeichens mit gleichbleibender Geschwindigkeit von zirka vierzig Sundenkilometern geradeaus weitergefahren. Das

Problem: Wer trägt die Schuld? Die Kölner Richter entschieden jetzt, dass in einem solchen Fall beide Parteien jeweils zur Hälfte für den Unfall verantwortlich seien. Man dürfe sich nämlich nicht vorbehaltlos auf das durch den Blinker angekündigte Abbiegen des vorfahrtsberechtigten Fahrzeugs verlassen. Sofern der blinkende Wagen nicht zumindest auch seine Geschwindigkeit sichtbar und deutlich reduziere, müsse man trotz des Blinkzeichens durchaus mit dem Weiterfahren rechnen. Daher: Hälftige Teilung des Schadens. (Oberlandesgericht Köln – Aktenzeichen: 24 U 5/08)

Ob der falsch blinkende Fahrer zumindest dann den Schaden allein tragen muss, wenn er – neben diesem Blinken – beim Einfahren in eine Kreuzung/Einmündung tatsächlich auch noch die Geschwindigkeit sichtbar reduziert, aber trotzdem geradeaus weiterfährt, ist übrigens umstritten und wird bundesweit nicht einheitlich beurteilt: Während das Kreisgericht (KG) in Berlin (Aktenzeichen: 12 U 4646/88) und auch das Oberlandesgericht (OLG) Dresden (Aktenzeichen: 8 U 745/93) die Haftung unter diesen Umständen alleine dem Falschblinker aufbürden, meinen etwa das OLG Saarbrücken (Aktenzeichen: 4 U 228/07) und auch das OLG Hamm (Aktenzeichen: 9 U 169/02), dass selbst dann den anderen Fahrer immer noch eine Mitschuld treffe. Schließlich müsse man jederzeit mit überraschendem Verhalten der anderen Fahrzeugführer rechnen – also auch und gerade dann, wenn sie blinken und die Geschwindigkeit reduzieren. Rechtssicherheit sieht anders aus.

Vorfahrtsschilder im Schnee

Die überraschenden Verkehrsregeln auf Skipisten

Da ich davon ausgehe, dass viele von Ihnen wenigstens einmal im Jahr in den Winterurlaub fahren, lohnt sich ein Blick auf ein aktuelles Urteil des Oberlandesgerichts (OLG) in Brandenburg. Das könnte die Winterurlauber durchaus interessieren, denn es ging um die Frage, welche Verkehrsregeln eigentlich auf Skipisten in den Alpenländern gelten.

Passiert war Folgendes: Aus nicht mehr im Einzelnen rekonstruierbaren Gründen kam es auf einer Piste in der Nähe von Klagenfurt in Österreich zu einem schweren Skiunfall, bei dem sich ein (deutscher) Skifahrer beide Beine brach. Aufgeklärt werden konnte im Nachgang lediglich der Umstand, dass die beiden kollidierenden Skifahrer zunächst hintereinander fuhren und der Hintermann später auf den Vordermann prallte, der dann auch die schweren Verletzungen erlitt.

Problem: Da der Unfallhergang und die Verschuldensfrage weitestgehend offenblieben, musste das Gericht klären, anhand welcher Regeln in einem solchen Fall zu urteilen sei. Das Ergebnis ist bemerkenswert: Das OLG stellte nämlich fest, dass auf den Skipisten in den Alpenländern, also insbesondere in Österreich und der Schweiz, für die Frage des Verschul-

richtig einklickt, begeht ebenfalls eine Ordnungswidrigkeit nach Paragraf 21a der Straßenverkehrsordnung. Und das gilt schließlich auch, wenn der Gurt, aus welchem Grund auch immer, defekt ist und deshalb nicht angelegt werden kann. Die Folge ist immer die gleiche: Bußgeld!

Als Fahrer übrigens ist man – entgegen weit verbreiteter Meinung – grundsätzlich nicht dafür verantwortlich, dass der Beifahrer/Mitfahrer seinen Gurt anlegt. Nur bei Kindern, Betrunkenen oder Kranken ist der Fahrer nach ständiger Rechtsprechung verpflichtet, für das Anlegen des Gurtes seiner Mitfahrer zu sorgen. Bei diesen Personen trägt man als Fahrer bei einem Unfall, bei dem der nicht angeschnallte Mitfahrer verletzt wird, andernfalls eine anteilige Mitschuld, was unter Umständen ziemlich teuer werden kann (Oberlandesgericht Karlsruhe – Aktenzeichen: 1 U 192/08).

Womit wir dann wieder bei meinem »nahen Verwandten« wären. Der ist fraglos kein Kind mehr, auch nicht betrunken und zum Glück bis heute gesund. Muss im Auto also selbst für sich sorgen. Obwohl: Sein Sohn wird ihm demnächst erklären, dass er den Gurt doch in Zukunft bitte über die Schulter ziehen sollte. Ach ja, die Anschnallpflicht: Antwort b) war richtig. 1. Januar 1976! Jedenfalls für die Vordersitze. Für die Rücksitze hat es sogar noch acht weitere Jahre gedauert – bis zum 1. August 1984. Hätten Sie es gewusst?

Oberlandesgericht Hamm — Aktenzeichen: 2 Ss OWi 695/07

Umsonst heißt umsonst!

Wie man unredliche Telefonanbieter austrickst

Wer sich im Internet auf die Suche nach günstigen Anbietern für Mobilfunkverbindungen oder den SMS-Versand macht, stößt irgendwann automatisch auf diese Seiten: Mit Formulierungen wie »Gratis!«, »For free!« oder gerne auch »Wirklich umsonst!« werben dort diverse Firmen für angeblich kostenfreie Telefon- oder Internetdienste. Nur der geschulte Blick erkennt und findet (!) bei genauem Hinsehen die »allgemeinen Vertragsbedingungen«. Die erscheinen häufig erst auf anderen Seiten des Anbieters, wo es dann selbstverständlich heißt, dass etwa die angepriesenen »Gratis-SMS« zunächst die Zahlung eines (erheblichen) Grundbetrages oder den Abschluss eines kostenpflichtigen Abonnements erfordern.

Dieser Unsitte hat jetzt das Amtsgericht (AG) in Hamm/Westfalen einen Riegel vorgeschoben. Der Fall: Ein junger Mann war auf der Suche nach einem günstigen Anbieter für Internetdienste auf die Seite einer Firma gestoßen, die für das Verschicken von SMS auf ihrer Homepage groß und breit mit den Worten »Gratis!« und »Umsonst!« warb. Der Mann schloss daraufhin einen entsprechenden Vertrag und begann anschließend mit dem Versenden von SMS über seinen PC.

Viel Freude hatte er aber nicht damit, denn schon vier Wochen später erhielt er eine Rechnung über stolze 96 Euro. Als er die Zahlung unter Hinweis auf die offensichtlich irreführende Anpreisung »Umsonst!« verweigerte, klagte der Internetdienst – und unterlag jetzt vor dem AG Hamm.

Das Gericht stellte dabei einige sehr interessante Regeln zu der Frage auf, ob und wie Anbieter sich an ihre Werbeslogans und Ankündigungen auf ihren Internetseiten halten müssen. Wörtlich heißt es im Urteil: »Wenn auf der Internetseite des Anbieters gut sichtbar und sogar hervorstechend mit Worten wie »gratis«, »umsonst« oder »free« geworben wird, braucht der Verwender nicht damit zu rechnen, dass in den Allgemeinen Geschäftsbedingungen (AGB) an anderer, zunächst nicht sichtbarer Stelle die Entgeltlichkeit der Leistung festgelegt wird. Hierfür wäre ein deutlicher Hinweis auf der entsprechenden Seite erforderlich gewesen. Bleibt dieser aus, stellen die AGB sogenannte ›überraschende Klauseln‹ dar, die für den Nutzer nicht gelten.«

Da der Anbieter sich vor Gericht im Übrigen auch noch darauf berief, dass angeblich jeder normale Verbraucher wissen könne, dass solche Leistungen niemals kostenfrei seien, nahm der Richter auch hierzu Stellung. Noch mal wörtlich: »Zum einen ist es dem Gericht bekannt, dass durchaus Anbieter existieren, die den Versand von SMS über den PC – entgegen der Behauptung des Klägers – kostenfrei anbieten. Im Übrigen kann ein Anbieter, der auf seinen Seiten mit den benannten Worten eindeutig den Eindruck der Unentgeltlichkeit erweckt, sich nicht auf grundsätzliche Regeln berufen, wonach solche Dienste angeblich nur gegen Zahlung erbracht würden. Er hat ja gerade den gegenteiligen Eindruck erweckt und muss sich daran festhalten lassen.«

Fazit: Wo »umsonst« draufsteht, muss auch »umsonst« drin sein. Wer entsprechende Verträge geschlossen hat und nachweisen kann, dass auf der Internetseite mit diesen Worten irreführend Leistungen kostenfrei angepriesen wurden, braucht die später gestellten Rechnungen nach dem Urteil des AG Hamm/Westfalen nicht zu zahlen. Und wer in Unkenntnis dessen dennoch gezahlt hat, dem dürfte ein entsprechender Rückforderungsanspruch zustehen. Die Verjährungsfrist dafür beträgt übrigens üblicherweise drei Jahre.

Amtsgericht Hamm/Westfalen — 17 C 62/08

Gepfuschte Diplomarbeit vor Gericht

Wie ein Verwaltungsgericht eine Karriere beendete

Schüler und Studenten aufgepasst: So kann das geliebte Internet zum ausgewachsenen Fluch werden! Das Verwaltungsgericht (VG) in Münster hat die Ausbildung eines Betriebswirtschaftsstudenten abrupt beendet, der bei der Anfertigung seiner Diplomarbeit ein bisschen zu viel Hilfe aus dem Internet in Anspruch nahm.

Der Vorgang klingt dabei zunächst vergleichsweise unverdächtig: Im Zuge seiner Recherche hatte der Student zu dem von ihm ausgewählten Examensthema eine Vielzahl von Aufsätzen im Internet gefunden, teilweise in englischer Sprache. Nach Durchsicht der Texte konnte der junge Mann dann aber der Versuchung nicht widerstehen: Er kopierte einzelne Passagen aus den Aufsätzen und platzierte sie – marginal abgeändert – in seiner Diplomarbeit. Englische Texte, so dachte er jedenfalls, könne er nach der Übersetzung sogar problemlos wortwörtlich und in großem Umfang übernehmen. Und tat dies dann auch freimütig – allerdings leider ohne die eigentlichen Urheber der Textpassagen kenntlich zu machen. Die Arbeit erweckte daher den Eindruck, als sei sie vollständig und allein von dem Studenten angefertigt worden.

Womit der BWL-Student freilich nicht gerechnet hatte: Sein Professor war zwar ein älterer Mann, konnte aber ebenfalls mit dem Internet umgehen. Und dummerweise stand ihm eine nagelneue Software zur Verfügung, die es möglich macht, schriftliche Arbeiten (auch solche größeren Umfangs) auf geklaute Textpassagen im Internet zu überprüfen. Da der BWL-Student einige Monate vorher bereits einmal mit Pauken und Trompeten durch die Prüfung gerasselt war, schöpfte der Professor angesichts der jetzt erstaunlich guten Arbeit Verdacht und ließ den »Plagiat-Scanner« über die Arbeit laufen. Und zwar mit durchschlagendem Erfolg: Das Programm wies schon nach wenigen Sekunden auf mehrseitige Übereinstimmungen hin – und die Arbeit wurde folgerichtig wegen Täuschungsversuchs mit »nicht bestanden« beurteilt.

Das VG Münster bestätigte jetzt diese Bewertung und damit das endgültige und tragische Ende des Studiums. Es sei zwar grundsätzlich erlaubt und auch durchaus üblich, fremde Textpassagen oder Auszüge anderer wissenschaftlicher Erhebungen in einer Diplomarbeit zu verwenden, so die Richter. Diese müssten aber durch entsprechende Verweise oder Fußnoten stets als dem jeweiligen Autor zugehörig kenntlich gemacht werden. Im Übrigen dürften sie in der Gesamtschau zudem nicht die eigene geistige Leistung überwiegend oder vollständig ersetzen. Wer mehrseitige Passagen marginal ändere oder sogar wortwörtlich übernehme und diese dann auch noch als eigene »verkaufe«, begehe daher einen Täuschungsversuch, der entsprechend zu ahnden sei. In diesem Fall erbringe der Prüfling keine eigene Leistung, sondern kopiere nur fremdes Wissen. Die Diplomarbeit sei daher zu Recht als »nicht bestanden« beurteilt worden.

Fazit: Vorsicht bei Übernahmen von Fremdtexten in Prüfungsarbeiten! Grundsätzlich darf man sich in Maßen fremder Hilfe bedienen, muss diese aber in jedem Falle als solche kenntlich machen. Wer dies nicht beachtet, geht – wie gesehen – ein ziemlich hohes Risiko ein.

Veraltungsgericht Münster — Aktenzeichen: 10 K 1212/07

Wenn der Fahrlehrer böse wird

Über die Haftung von Kindern im Straßenverkehr

Die meisten von Ihnen werden sich noch an ihren Fahrlehrer erinnern und an dessen warnenden Tonfall beim Anblick von Kindern: »Da müssen Sie immer besonders aufpassen, Kinder sind nämlich unberechenbar!« – so oder ähnlich dürfte es vom Beifahrersitz zu hören gewesen sein. Ob der Fahrlehrer indessen geahnt hat, dass der Bundesgerichtshof im April 2007 mit einer erstaunlichen Entscheidung diese Unberechenbarkeit haftungsrechtlich auch entsprechend würdigen würde, darf bezweifelt werden. Folgender Fall lag zugrunde: Eine Dame hatte an einer Kreuzung ihren Wagen ordnungsgemäß angehalten, um andere Fahrzeuge den Vorfahrtsregeln entsprechend passieren zu lassen. Von links näherte sich unbemerkt ein achtjähriger Junge auf seinem Mountainbike mit »deutlich unangepasster« Geschwindigkeit. Der auf dem Fußweg fahrende Junge sah das stehende Fahrzeug wegen einer überbordenden Hecke erst, als er etwa zwanzig Meter entfernt war. Wegen seiner rasanten Geschwindigkeit konnte er nicht mehr bremsen und fuhr mit voller Wucht in die Seite des Autos. Am Fahrzeug entstand ein Schaden von 1500 Euro, das Rad war komplett zerstört (Wert: 250 Euro).

Auf die gegenseitigen Klagen der Beteiligten hin verurteilte der BGH zur allgemeinen Überraschung die Dame vollumfänglich zum Schadensersatz am Fahrrad – versagte ihr selbst hingegen jeden Ersatzanspruch bezüglich des Autos! Der achtjährige Junge falle nämlich unter den im Jahre 2002 ins Bürgerliche Gesetzbuch eingefügten Paragrafen 828 Absatz 2, wonach Kinder zwischen dem siebten und zehnten Lebensjahr bei Unfällen im Straßenverkehr grundsätzlich nicht belangt werden können. Und das gelte auch, wenn sich der betroffene Verkehrsteilnehmer selbst vollkommen regelgerecht verhalten habe. Wörtlich heißt es: »Kinder in diesem Alter sind wegen ihres Lauf- und Erprobungsdranges, ihrer Impulsivität, ihrer Affektreaktionen und ihrer mangelnden Konzentrationsfähigkeit zu einem verkehrsgerechten Verhalten nicht fähig. Aufgrund dieser altersbedingten Defizite können Entfernungen und Geschwindigkeiten infolge der Überforderungssituation von ihnen nicht eingeschätzt werden.« Und deshalb sei das Kind nicht ersatzpflichtig, könne seinerseits aber den Schaden am Rad ersetzt verlangen, denn dies folge aus der verschuldensunabhängigen Haftung des Fahrzeughalters.

Verkehrte Welt – könnte man meinen. Aber das täuscht: Kinder werden vom BGB seit jeher umfassend geschützt. Dass das manchmal – wie gesehen – absonderliche Blüten trägt, hat der Gesetzgeber ganz bewusst hingenommen. Denn: Kinder sind – was der Fahrlehrer ja schon immer wusste – eben unberechenbar. Auch und vor allem im Straßenverkehr.

Bundesgerichtshof — Aktenzeichen: VI ZR 109/07

DUMONT TASCHENBÜCHER

Altmann, Andreas: Im Land der Freien. Mit dem Greyhound durch Amerika (6124)
Alvtegen, Karin: Die Flüchtige. Kriminalroman (6137)
Alvtegen, Karin: Schuld. Kriminalroman (6105)
Auchincloss, Louis: East Side Story. Roman (6135)
Bönt, Ralf: Icks. Roman (6134)
Dowlatow, Sergej: Der Koffer. Roman (6116)
Friedrichs, Ralf: Am Schluss haben wir nur noch für die Angestellten gearbeitet. Roman (6107)
Gesing, Fritz: Kreativ Schreiben. Handwerk und Techniken des Erzählens (6119)
Goeudevert, Daniel: Das Seerosen-Prinzip. Wie uns die Gier ruiniert (6108)
Gombrich, Ernst H.: Eine kurze Weltgeschichte für junge Leser (6109)
Hamilton, Steve: Blind River. Kriminalroman (6140)
Heinrich, Susanne: So, jetzt sind wir alle mal glücklich. Roman (6106)
Hennig von Lange, Alexa: Peace. Roman (6110)
Hettche, Thomas: Der Fall Arbogast. Kriminalroman (6111)
Horn, Christina: Der Anti-Diät-Club (6120)
Karremann, Manfred: Es geschieht am helllichten Tag. Die verborgene Welt der Pädophilen und wie wir unsere Kinder vor Missbrauch schützen (6142)
Kluger, Martin: Abwesende Tiere. Roman (6131)
Koneffke, Jan: Paul Schatz im Uhrenkasten. Roman (6139)

Kredelbach, Thomas: Fünf Millionen Lösegeld. Kriminalroman (6113)

Kugler, Walter: Rudolf Steiner und die Anthroposophie. Eine Einführung in sein Lebenswerk (6138)

Kuhrt, Nicola/Meichsner, Irene: Warum kriegt der Specht kein Kopfweh? Geheimnisse des Alltags und ihre verblüffenden Erklärungen (6118)

Kruck, Peter: Besseres Deutsch (6125)

Le Clézio, J.M.G.: Der Afrikaner (6104)

Lehnen, Claudia: Meine Freundin Britta (6114)

Leky, Mariana: Liebesperlen. Erzählungen (6117)

Louis, Chantal: Monika Hauser. Eine Ärztin im Einsatz für kriegstraumatisierte Frauen (6121)

Mazzantini, Margaret: Geh nicht fort. Roman (6130)

McGilloway, Brian: Borderlands. Kriminalroman (6112)

Miehe, Ulf: Puma. Roman (6103)

Mills, Jenni: Grab aus Stein. Roman (6115)

Mingels, Annette: Die Liebe der Matrosen. Roman (6101)

Murakami, Haruki: Schlaf (6136)

Murakami, Haruki: Sputnik Sweetheart. Roman (6100)

Neven DuMont, Alfred: Reise zu Lena. Roman (6129)

O'Riordan, Kate: Steine der Erinnerung. Roman (6123)

Ramadan, Jasmin: Soul Kitchen. Roman (6132)

Schwabe, Winfried: Dürfen Männer im Stehen pinkeln? Verrücktes aus der Welt des Rechts (6127)

Stadler, Arnold: Ein hinreissender Schrotthändler. Roman (6102)

Wittenborn, Dirk: Bongo Europa. Memoiren eines zwölfjährigen Sexbesessenen. Roman (6133)

Zöllner, Martina: Hundert Frauen. Roman (6141)